Lecciones
de liderazgo

Diseño de tapa:
EL OJO DEL HURACÁN

HILDA CAÑEQUE
MARTÍN CAÑEQUE

Lecciones
de liderazgo

Manual de entrenamiento gerencial

GRANICA

ARGENTINA - ESPAÑA - MÉXICO - CHILE - URUGUAY

© 2018 *by* Ediciones Granica S.A.

ARGENTINA
Ediciones Granica S.A.
Lavalle 1634 3º G / C1048AAN Buenos Aires, Argentina
granica.ar@granicaeditor.com
atencionaempresas@granicaeditor.com
Tel.: +54 (11) 4374-1456 Fax: +54 (11) 4373-0669

MÉXICO
Ediciones Granica México S.A. de C.V.
Calle Industria N° 82
Colonia Nextengo - Delegación Azcapotzalco
Ciudad de Máxico - C.P. 02070 México
granica.mx@granicaeditor.com
Tel.: +52 (55) 5360-1010. Fax: +52 (55) 5360-1100

URUGUAY
granica.uy@granicaeditor.com
Tel: +59 (82) 413-6195 FAX: +59 (82) 413-3042

CHILE
granica.cl@granicaeditor.com
Tel.: +56 2 8107455

ESPAÑA
granica.es@granicaeditor.com
Tel.: +34 (93) 635 4120

www.granicaeditor.com

ISBN 978-950-641-951-6

Hecho el depósito que marca la ley 11.723

Impreso en Argentina. *Printed in Argentina*

Cañeque, Hilda
    Lecciones de liderazgo / Hilda Cañeque ; Martín Cañeque. -
1a ed. - Ciudad Autónoma de Buenos Aires : Granica, 2018.
    272 p. ; 22 x 15 cm.

    ISBN 978-950-641-951-6

    1. Liderazgo. I. Cañeque, Martín II. Título
    CDD 658.4092

Agradecemos profundamente a Ayelén Lauro
y a Constanza Pagadizabal
por el amor y dedicación que pusieron en el pasaje
de los textos originales.

A nuestros invalorables maestros, por guiarnos
en el camino de la enseñanza.

A la gran cantidad de líderes que tuvimos la fortuna
de entrenar durante largos años.

Esta obra es un homenaje a nuestra querida maestra:
PhD Ángeles Arrien, una de las fundadoras
de la Psicología Transpersonal.
Ella inspiró activamente el recorrido de la obra.

ÍNDICE

PARTE III
ENTRENAMIENTO GRUPAL

PRÓLOGO

Durante el verano de 2014 pensamos hacer esta obra. Estábamos en San Francisco, Estados Unidos, haciendo un entrenamiento sobre "Resolución de problemas" con la reconocida antropóloga Ángeles Arrien.

Al terminar la experiencia, Ángeles nos presentó a Sabrina Roblin, la vicepresidenta del Primer Congreso Internacional de Coaching a realizarse en ese país.

Después de compartir ideas y experiencias en tan amable y lúcida compañía, contamos acerca de los entrenamientos grupales e individuales para líderes que hacíamos desde largo tiempo. Hablamos de lo que nos inspiraba para llevarlos a cabo, de los objetivos que perseguíamos, del método que usábamos, de los resultados obtenidos, entre otras cuestiones.

Tanto Ángeles como Sabrina se sorprendieron al escuchar que el encuadre teórico de nuestros entrenamientos se basaba casi exclusivamente en el proceso enseñanza-aprendizaje. Sabrina, con humildad, confesó que hacía tiempo pensaba en el nuevo camino que debía tomar la formación en coaching durante los próximos años. Efectivamente, su mira estaba puesta en considerar la necesidad de enfocar este proceso desde lo pedagógico.

Frecuentemente, la experiencia mostraba la falta de conocimientos específicos en los líderes que solicitaban nuestra ayuda. No manejaban métodos eficaces para conducir, como delegar, ordenar, planificar, comunicar, decidir, resolver problemas, negociar... A pesar de provenir de los más diferentes ámbitos no tenían en su formación figuras de liderazgo a quienes imitar, copiar, seguir o simplemente criticar.

Nuestro abordaje del tema, desde un principio, fue crear métodos para enseñar competencias para liderar. Luego, o simultáneamente, hacíamos que el consultante lo aplicara en la conducción de sus equipos y en su propia vida.

Participamos en la formación de ejecutivos de escuelas, geriátricos, universidades, supermercados, hoteles, restaurantes, clínicas, sindicatos y otros rubros en varios países. En distintos ámbitos aprendimos algo nuevo que reforzaba la eficiencia de la metodología que aplicábamos. Cada trabajo nos traía una dosis importante de alegría, al comprobar que diferentes líderes se afirmaban rápidamente en su rol, durante y después de los entrenamientos, mejorando ostensiblemente sus habilidades.

Por aquellos días del verano de 2014, en el magnífico escenario de los bosques de San Francisco, mientras compartíamos ideas con profesionales de enorme recorrido, decidimos emprender la tarea de escribir. Nuestra experiencia y una metodología específica para enseñar a liderar nos marcaron el rumbo.

El objetivo era acercar lo que aprendimos, y descubrimos a personas que están en la tarea esperanzada de formar líderes positivos para el tiempo nuevo.

Agradecemos profundamente a todos los ejecutivos que confiaron en nuestras propuestas y nos permitieron cometer los errores necesarios para que el proceso de entrenamiento se enriqueciera cada día un poco más.

Hilda y Martín Cañeque

PARTE I

BASES DEL ENTRENAMIENTO GERENCIAL

INTRODUCCIÓN

Diseñamos una metodología probada en diferentes países de Latinoamérica durante muchos años y con muy buenos resultados. Su objetivo principal es entrenar habilidades y brindar herramientas para que los líderes desarrollen y mejoren resultados de gestión, productividad y eficacia en sus equipos.

La metodología logra cambios cualitativos y cuantitativos verificables en muy corto tiempo. Está presentada en dos modelos: uno de enfoque individual y otro de enfoque grupal.

Ambos se basan en adquirir competencias ordenadas según valores clave que orientan la acción de liderar para servir a los demás.

Los planes de diagnóstico y mejora que proponemos son solicitados por RRHH, jefes de los consultantes o dueños de empresas que buscan mejorar resultados mediante los estilos de liderazgo.

En nuestra experiencia encontramos algunos patrones de comportamiento comunes en muchos de los que conducen las organizaciones:

- En general, no presentan buen entrenamiento en habilidades y herramientas de gestión.
- El estilo de liderazgo necesario en las empresas ha cambiado tanto y tan rápido en los últimos años que son pocos los que han podido adaptarse.
- Hay metodologías de formación a disposición de los líderes, pero muchas veces no son suficientemente efectivas o están enfocadas más en lo personal que en lo profesional.

La mayoría no contemplan el aprendizaje como base del entrenamiento.

- Muy pocos líderes dominan las habilidades necesarias para desarrollar al máximo el potencial de las nuevas generaciones de empleados.

Hoy la necesidad de cambio de los que conducen está impulsada por una nueva generación que ingresó fuertemente en las organizaciones, con una forma distinta de sentir y pensar el trabajo. Dicha generación pide un cambio importante en la forma de liderar. A esta demanda se agregan fuertes modificaciones en la comunicación, una competencia encarnizada y la presencia de consumidores cada vez más exigentes y cambiantes.

El ingreso de las mujeres a las empresas también fue altamente significativo. Martín Cañeque, en su obra *El nuevo liderazgo,* dice: "El liderazgo femenino avanza en las empresas hacia la mayor incorporación de mujeres al mercado laboral, impulsado básicamente por la escasez de talento y el creciente nivel educacional de las mujeres. También porque se les paga menos y están más disponibles".[1]

El escenario en la actualidad es muy complejo. Los problemas son muchos, la reflexión sobre ellos es pobre y los vínculos afectivos son pocos. Por momentos recuerda las imágenes de "La tristeza", un memorable cuento de Anton Chéjov, cuya reseña es la siguiente:

> *Cuenta que el cochero Yona estaba sobre su carruaje con el cuerpo encorvado de tristeza. Su caballo permanecía en el mismo estado. Ambos esperaban, en la gran ciudad, la llegada de algún cliente.*
>
> *Apareció un pasajero militar que le indicó a Yona cuál era su destino. Con las pestañas cubiertas de nieve, Yona comenzó el viaje y de pronto otro cochero lo acusó de que casi lo había chocado. Entonces, el militar le pidió gritando a Yona que tuviera más cuidado en el manejo. Yona descargó así latigazos más fuertes sobre el lomo del caballo.*
>
> *Entonces el militar siguió gritando y ordenando lo que Yona debía hacer. De pronto Yona no contestó más y el pasajero le preguntó: "¿Qué le está pasando?". Yona contestó: "Mi hijo murió la semana pasada…".*

---

1. Cañeque, M.: *El nuevo liderazgo*, Ediciones Granica, Buenos Aires, 2017.

En ese mismo instante, el pasajero dijo que lo sentía y que debía girar a la derecha y apurar más a su caballo. Yona obedeció.

Llegaron a destino.

Pasaron tres horas de espera y Yona recibió en su carro a tres muchachos que le indicaron que los llevara a la estación de policía.

Los tres jóvenes decían palabrotas y se peleaban entre sí, mientras le pedían a Yona que apurara su caballo. Luego lo retaban y lo insultaban porque la velocidad del animal era menor de la que esperaban. Hasta le pegaron a Yona por la espalda, como queriendo apurar al caballo.

Yona, angustiado, les pidió que fueran menos exigentes con él y les contó que no estaba bien porque acababa de morir su hijo.

En ese momento llegaron al lugar y los pasajeros se bajaron a toda velocidad, sin despedirse de Yona. Su tristeza era cada vez más intensa. Trató de estacionar su carro, pero un portero le indicó que no podía permanecer delante de esa puerta. Agobiado por la indiferencia de los demás, decidió dejar el trabajo y volver a la pensión donde vivía.

Al llegar, otro cochero lo encontró y le dio un vaso con agua. Yona aprovechó para contarle que su hijo había muerto la semana pasada y que él tenía mucho dolor. El cochero no le contestó y le respondió que se iba a dormir porque estaba muy cansado.

Yona, por último, pensó que sería bueno contar lo que le pasaba a cualquier mujer de su aldea, pero no estaba allí. Entonces Yona decidió ir a ver a su caballo que había estacionado en la calle y comenzó a conversar con el caballo sobre quién era su hijo, cómo murió, el nieto que dejó...

El caballo estaba comiendo, pero exhaló un aliento húmedo y cálido sobre las manos de su viejo amo. Yona, escuchado por fin por un ser sensible, pudo desahogar su corazón y contar su pena.

Este relato muestra la falta de amor en el tiempo presente. Vivencia que se instala hoy descarnadamente en las organizaciones. Por tal motivo, sugerimos al entrenador que tome conciencia del escenario en el que va a desarrollar su tarea y genere alguna reflexión al respecto.

✔ **Pregúntese:** *¿Cuántas veces recibe para su entrenamiento a una persona con el rostro compungido y lo mira para preguntarle cómo está, de una manera verdaderamente interesada? ¿Cuántas veces se da cuenta de que hay un rostro triste en una reunión y hace algo al respecto?*

Actualmente, la angustia de algunos empleados se acentúa cuando sus problemas no son escuchados. Eso no colabora para que puedan continuar con su trabajo productivamente y sentirse dignos y felices. El apuro, las urgencias, los problemas y el sobredimensionamiento del uso de las tecnologías hacen que los ejecutivos se cubran de tareas inútiles y no tengan tiempo para sus seguidores. Estas cuestiones muchas veces funcionan como buenas excusas para no escuchar al otro, no ponerse en su lugar, no involucrarse en sus emociones. Resulta mucho más sencillo esconderse detrás de estas justificaciones que volver a poner en práctica el hábito del "contacto", que hemos perdido a manos de la tecnología.

Está claro que si a los líderes que van a entrenar no les enseñan primero a escuchar y a preocuparse por sus seguidores, es poco probable que tengan éxito en mejorar sus habilidades.

Objetivos de los entrenamientos

1. Preparar a los conductores de las organizaciones en las competencias de liderazgo.
2. Ayudar para que mejoren el rendimiento de sus equipos.
3. Promover un ámbito de reflexión y autoconocimiento del rol.
4. Enseñar herramientas clave de organización, planificación, control y mejora continua.
5. Generar mejores niveles de productividad, rentabilidad y buen clima en las empresas.

Metodología del entrenamiento gerencial

Nuestro entrenamiento trabaja con los que conducen, y produce mejoras importantes en sus equipos de trabajo, multiplicando los resultados y elevando la productividad.

Tiene puntos de contacto con el coaching, la psicología y el mentoring, aunque se diferencia porque su foco está puesto en el proceso enseñanza-aprendizaje. Puede ser usada por profesionales con orientación en las disciplinas mencionadas. Es imprescindible que ellos sigan de manera responsable cada uno de los pasos que propondremos.

En nuestro equipo, cada profesional que conduce estos entrenamientos atraviesa una instancia muy rigurosa de certificación en la metodología. Entre otras exigencias, tiene una reunión de control mensual con el jefe del área. Esto asegura un alto nivel de calidad.

Lo invitamos a recorrer este atractivo camino, en el que el entrenador ayuda a aquellos que desean cambiar su vida profesional y el destino de sus empresas.

Recordamos un cuento tradicional que explica en forma clara el sentido del desarrollo personal que proponemos en los entrenamientos:

Cierto día, un hombre vio un capullo de mariposa que tenía una rotura. Observó durante varias horas cómo la mariposa se forzaba por salir a través de ese pequeño agujero.

Entonces decidió ayudarla y cortó el resto del capullo. La mariposa fácilmente salió... pero su cuerpo estaba atrofiado, era muy pequeño y sus alas estaban aplastadas. No lograba progresar.

El hombre siguió observándola. Esperaba que en cualquier momento sus alas se abrieran y fueran capaces de soportar un cuerpo que podría tomar forma.

¡Nada ocurrió! La mariposa pasó el resto de su vida arrastrándose con un cuerpo deforme y las alas atrofiadas. Nunca voló.

Lo que el hombre, en su gentileza y voluntad de ayudar, no comprendió fue que el capullo apretado y el esfuerzo de la mariposa para pasar por el pequeño agujero era el modo por el cual el fluido de su cuerpo llegaría a las alas. De esa forma estaría pronta para volar cuando estuviera libre del capullo.

Algunas veces el esfuerzo es lo que necesitamos para crecer. Una vida sin obstáculos nos dejaría lisiados. No seríamos tan fuertes como podríamos haber sido. Tampoco podríamos volar.

Tener obstáculos es lo que genera el coraje para superarlos. Es lo que nos permite crecer y madurar.

Trazarse objetivos parece sencillo. Pero cuando surgen las dificultades, pensamos que son más difíciles de lo que en realidad son. Aprendemos a superarlas cuando las identificamos y las diluimos.

Entre las ilusiones y la realización de los objetivos tenemos que poner una buena dosis de conocimiento y esfuerzo. Armar un plan y hacer su seguimiento es clave.

Contar con una efectiva metodología de entrenamiento es vital para obtener los mejores resultados y explotar al máximo las habilidades de los líderes.

1. El rol del entrenador en el proceso de enseñanza-aprendizaje

Diferencias entre consultor, mentor, coach y entrenador

Se trata de cuatro abordajes distintos. El consultor tiene un rol eminentemente empresarial: es el que aconseja o asesora a los directivos sobre cómo mejorar sus compañías. El mentor es quien, por medio de su reconocida experiencia en una industria o sector, enseña individualmente a los directivos o gerentes a mejorar su gestión. El coach es quien trabaja para que el coachee pueda superar las barreras personales y profesionales que no le permiten obtener los resultados o el estándar de vida que desea.

El entrenador, en cambio, después de un exhaustivo diagnóstico personal, profesional y laboral brinda las herramientas y guía la práctica de las habilidades y actitudes necesarias para mejorar los rendimientos del consultante y de su equipo de trabajo. Se apoya en la reflexión, la enseñanza, la práctica y la evaluación.

Utiliza herramientas concretas, diseñadas especialmente para mejorar la efectividad del rol de conductor. Por ejemplo, si este no delega, se analizan las causas del problema y se brinda una planilla de delegación concreta que usará con sus empleados, y luego evaluará resultados.

Esta metodología se enfoca en que el consultante lleve a la práctica todo lo aprendido. Para eso, es necesario hacer control y seguimiento de los contenidos enseñados.

Se asemeja al entrenamiento del deporte de alto rendimiento por la disciplina, por la persecución constante de resultados verificables y por la ejecución de un plan de trabajo especialmente elaborado.

Es un proceso estrictamente confidencial en cuanto a los temas "personales" tratados en las sesiones, pero no en cuanto a los temas "profesionales" trabajados. Se presenta a la empresa un informe para que sepa cuál es el potencial del consultante, las competencias que se trabajaron, los ejercicios que se dieron y cuál fue su grado de compromiso con el entrenamiento.

Rol específico del entrenador

El entrenador debe tener experiencia en observar, escuchar, preguntar, analizar, dar feedback, establecer la relación y lograr acuerdos. El éxito y la efectividad de su tarea recaen sobre sus habilidades. Estas actuarán positivamente sobre la predisposición y capacidad del consultante para hacer los cambios.

Los elementos básicos que debe reunir el consultante para obtener los resultados esperados son: voluntad y actitud proactiva al cambio. Significa obediencia, reflexión, constancia, tolerancia a la frustración y disciplina. Consideramos que este es el marco donde todo proceso de cambio debe transcurrir. Si alguna de estas condiciones falla, el entrenador deberá trabajar primeramente en ayudarlo a mejorar esto, para que el proceso de mejora no tienda al fracaso.

El entrenador también debe mostrarse abierto, sincero, humilde, directo, objetivo, analítico, empático y confiado en la posibilidad de mejora del consultante.

A través de estos años hemos entrenado a gran cantidad de líderes en Latinoamérica, de las organizaciones más diversas, y hemos encontrado un común denominador: todos siempre tienen una oportunidad de mejora.

Parece oportuno citar a Frank Barron en su obra "An Eye More Fantastical"[2], donde dice:

---

2. Barron, F.: "An Eye More Fantastical". *Monografía n° 3*. National Art Education Association, Washington, D.C., Res-Mono-3 67.

Las variables estilísticas de un individuo creativo y comprometido son: 1) una actitud perceptualmente abierta y flexible en lugar de crítica; 2) una percepción intuitiva de los significados más profundos; 3) una preferencia por lo complejo, caótico y desordenado, y 4) en contraste con lo anterior, una tendencia hacia el equilibrio, la simplicidad y la previsibilidad.

El rol del entrenador

Son muchos y variados los roles que debe cumplir un entrenador en un proceso de enseñanza tan complejo, corto y efectivo como este.

Los más importantes son:

1. **Guía y dirección.**
   a. **Análisis objetivo.** Debe analizar e interpretar, de manera realista y con visión global, la situación actual del líder y de su equipo. Así es como le aportará una mirada veraz a cada una de las situaciones planteadas.
   b. **Pensamiento innovador y creativo.** Debe aportar al líder en todo momento una mirada "distinta" sobre su rol, sus problemas, posibilidades, debilidades, oportunidades, riesgos. También incitarlo a crear lo nuevo.
   c. **Acompañamiento.** Debe estar al lado del desarrollo del proceso de entrenamiento, acompasándolo, conteniéndolo.
2. **Enseñanza.** Debe relevar las necesidades del consultante y su equipo. Determinar junto a él cuáles son las herramientas y habilidades que necesita desarrollar. Así luego podrá ayudarlo a crearlas o adquirirlas. Cada líder necesitará herramientas y una forma de enseñanza distinta, acorde con sus posibilidades.
3. **Motivación.** El entrenador debe estimular al consultante a seguir con su crecimiento, a realizar los ejercicios y a apreciar los resultados positivos obtenidos. Los procesos de cambio suelen ser difíciles y necesitan permanente impulso y apoyo.

Cómo involucrar al equipo del consultante

La metodología que proponemos en este libro mejora el estilo de liderazgo del consultante y también incrementa los resultados de su equipo de trabajo.

Al comenzar el proceso, se debe orientar al consultante para que cuente a su equipo sobre el entrenamiento que va a emprender, los objetivos que perseguirá y los posibles beneficios que obtendrá.

Gran parte de las herramientas utilizadas están destinadas a que el consultante las transfiera a su equipo, y juntos trabajen con ellas. Por ejemplo, es importante enseñarle a realizar el diagnóstico de su equipo para detectar áreas y planes de mejora.

Si se entrena a un líder que tiene reportes directos debajo de él, el entrenador puede proponerle que concurran todos a una sesión para trabajar alguna herramienta concreta. También puede proponerle invitar a la sesión a un empleado con el que debe trabajar algún tema concreto.

Si se detectan debilidades o situaciones problemáticas generadas por el mismo líder, deben ser trabajadas solo con él. Por ejemplo, si mantiene la mala relación con algún integrante del equipo, se lo debe ayudar para que se haga responsable y reconozca su participación en el problema. Luego, programar los ejercicios necesarios para que se convierta en el protagonista de la solución.

También es posible, si el entrenador lo considera conveniente, tener alguna reunión de trabajo con el equipo. Esta puede servir para ver al consultante en una situación real de conducción, chequear los progresos del consultante o verificar el buen uso de las herramientas enseñadas.

En todo momento hay que tener claro que el consultante es quien debe llevar el rol más importante frente a su equipo en todas las experiencias a realizar. Jamás el entrenador debe protagonizar la reunión, ya que esto puede cercenar la autoridad del líder frente a su equipo.

Señales de resistencia a los aprendizajes

Hay ciertas actitudes del consultante que es bueno detectar para saber si su interés disminuye durante el proceso de entrenamiento.

Por lo general, surgen cuestiones tales como:

* Comentarios sobre temas superfluos.
* Inasistencias injustificadas o llegadas tarde.
* Falta de cumplimiento de tareas pactadas.
* Apertura constante de nuevos temas sin querer terminar el análisis de ninguno.
* Falta de compromiso en los ejercicios a realizar.

Es imperioso, para evitar el deterioro del proceso, que el entrenador converse con el consultante sobre lo que está observando y lo analicen juntos. Así es como pueden establecer un nuevo curso de acción que promueva mayor disciplina y voluntad.

Dice Irving D. Yalom en su obra *El día que Nietzsche lloró*:[3] "estoy siguiendo el consejo de un gran maestro que me dijo: ofrezca al amigo que sufre un lugar de descanso, pero que sea una cama dura o un catre de campaña".

Si la desviación de la atención es por un tema personal o algo referido a la empresa donde trabaja el consultante, es importante despejar estas situaciones para poder continuar con el proceso. El entrenador puede dedicar unos minutos a estos temas, pero es conveniente que lo deje en manos de otros especialistas si son temas de índole psicológico o existencial.

✔ **Pregúntese:** *Cuando está entrenando al consultante ¿está atento a estas señales o las pasa por alto?*

Lo que no hay que hacer

Hay temas que están fuera del rol del entrenador. Por ejemplo, bajo ningún concepto puede involucrarse emocionalmente en

---

3.   Yalom, Irving D.: *El día que Nietzsche lloró*, Emecé, Buenos Aires, 2017.

una situación o vivencia que plantea el consultante. Si lo hace, saldrá de su rol y eso no será efectivo para el entrenamiento.

El entrenador es la autoridad que guía el proceso de aprendizaje. Si abandona ese lugar, el consultante puede sentirse "no cuidado" y se sentirá confundido. Acude a esta instancia para ser orientado y no para que se lo consuele, adule o reprenda.

La relación debe mantenerse con una distancia óptima: con objetividad, sin ser distante ni frío. Estas actitudes dan seguridad y confianza durante el proceso de entrenamiento.

> *Hace varios años, se presentó un joven brillante que heredó la empresa de su padre, recién fallecido. Casualmente, también el padre del entrenador había fallecido poco tiempo atrás y esto lo tenía todavía muy movilizado. Llegó un momento en que el entrenador se dio cuenta de que se había "involucrado" en el tema más de lo que debía, y que le costaba salir. En ese momento, pedimos a otro colega que lo reemplazara durante algunas reuniones. Los resultados fueron buenos. El consultante trabajó con dos entrenadores sobre las mejoras que necesitaba la empresa. Un especialista más capacitado en lo psicológico, que trabajó la elaboración de su duelo, y otro que se limitó a la mejora empresarial.*

El entrenador debe ser consciente de sus propias limitaciones para manejar sus emociones y las del consultante. Si se vincula emocionalmente con el otro, no podrá ayudarlo de manera objetiva.

> *Un gerente pidió que lo ayudáramos a mejorar su relación con los empleados. Cada reunión traía temas distintos o situaciones a resolver, pero habitualmente se "iba por las ramas". No quería enfrentar el tema en cuestión. Cierto día, al comenzar la sesión, le planteamos que nos íbamos a comunicar por escrito. Así es como le escribimos algunas preguntas orientadas a entender mejor su problema. No le quedó otra posibilidad que dar las respuestas por escrito, y entonces no pudo derivar ni alargar su problema. No le fue posible manipular la conversación.*
>
> *Al leer una a una las respuestas, le fuimos repreguntando por cada una. Ese día no trabajamos el tema de por qué se llevaba mal con su personal, sino por qué utilizaba estrategias para no hablar del asunto.*
>
> *Al finalizar la sesión contó que el padre hacía lo mismo con la madre cuando él era pequeño y que lo había aprendido allí. Trabajamos para que tomara consciencia de lo improductivo de sus accionar y del daño que ocasionaba en las relaciones.*

Algunas veces, el consultante tiene dificultades para encarar sus problemas laborales. Cree que va en contra de lo que le enseñaron, o que no tiene las habilidades necesarias, o tiene miedo, o no sabe cómo hacerlo. En esos casos hay que ir a la raíz del problema y no dejarse llevar por los desvíos que plantea el consultante.

El entrenador debe dirigir en todo momento el entrenamiento. No debe entrar en el rol de "juzgar", "aconsejar", "culpar" o "hacer terapia" con el consultante. Debe plantear preguntas sugerentes, ayudar para ver distintas miradas, y enseñar habilidades y herramientas. No debe desviarse del objetivo del trabajo propuesto.

✔ **Pregúntese:** *¿En qué momentos tiende a confundir el rol de entrenador con el de "consejero", "amigo" o "terapeuta"? ¿Por qué cree que puede hacerlo mejor que ellos? ¿En qué lugar queda su rol cuando lo hace? ¿Cómo puede hacer para no caer en eso nuevamente?*

2. Habilidades específicas del entrenador gerencial

Ser entrenador gerencial no es fácil. Pero la responsabilidad de ayudar a las personas a desplegar su máximo potencial para liderar con resultados es sumamente atractiva y gratificante. Acompañar el crecimiento del líder y de su organización proporciona una energía positiva muy interesante.

A continuación, señalaremos algunas habilidades que debe tener el entrenador:

a) Observar con visión global

El entrenador debe sumar a la "mirada" del consultante todas las variables que rodean la situación problemática que influyan en su baja de rendimiento. Para lograr esto, es necesario que pregunte sobre lo que el consultante no dice. Averiguar por qué se lo calla o bien por qué no lo ha descubierto aún. En algunos casos, cuando lo considere necesario, podrá pedirle al consultante que releve información, opiniones y miradas de personas que lo rodean. Adoptar una mirada sistémica de la situación del consultante (trabajo, familia, historia, etc.) lo ayudará a interpretar mejor cómo ayudarlo.

b) Escuchar empáticamente

Esta forma de escucha en la que uno se pone en el lugar del otro desde lo racional y lo emocional es fundamental para el éxito del proceso. Escuchar sin juzgar ni criticar es clave. Se trata de no posicionarse desde la propia experiencia del entrenador.

Para cambiar los modelos restrictivos que le impiden crecer, el consultante debe sentir que está en presencia de alguien que verdaderamente lo entiende, que puede llegar a sentir lo que le sucede, se interesa por él y lo acompaña. El entrenador debe ponerse en su lugar tanto racional como emocionalmente, sin perder el foco ni el rol en ningún momento.

c) Mantener la objetividad

Esta habilidad es muy preciada por los consultantes, que difícilmente cuentan con personas cercanas y de confianza que le devuelvan una mirada objetiva de su accionar, su estilo de conducción o lo ayuden a ver sus propios errores.

Involucrarse afectivamente es un error que no puede cometer el entrenador. Al hacerlo, pierde perspectiva, objetividad y abstracción. No puede pensar racionalmente los problemas, ni las soluciones. Si sucede, deberá controlar el proceso con un experto externo.

d) Llevar un registro del trabajo realizado y a realizar

Es literalmente imposible que el entrenador memorice todos los registros de lo que sucede en una sesión. Si bien no hace falta escribir todo lo que el consultante y el entrenador dicen, es fundamental escribir lo más importante: los modelos mentales detectados, problemáticas trabajadas, ejercicios que se acuerdan y sus resultados, las "ideas fuerza" que se transmiten, los temas a tratar en las próximas reuniones, las tareas a realizar en la semana, etc. Este registro constituye la bitácora del viaje que emprenderán ambos. Además, es la base del informe que el entrenador deberá redactar al terminar el proceso.

e) Preguntar es la clave que orienta el proceso

Una de las diferencias con otras disciplinas es que el entrenador no "asesora" al consultante, solo formula preguntas, pide ejemplos, da ejercicios y cuenta anécdotas. La idea es que el consultante encuentre otras miradas de lo que está analizando o relatando en la sesión. Hoy también es muy importante informar. Por ejemplo, la gente no analiza el mercado, no tiene informaciones de tendencias actualizadas, no conoce las necesidades de las nuevas generaciones, etc.

Las preguntas sirven para que el consultante replantee su accionar, sus miradas, su estilo, orientando al consultante en el camino a la mejora. También sirven para que detecte cuáles son las habilidades y herramientas que posee y cuáles necesita aprender.

f) Proporcionar feedback en tiempo y forma

El feedback es una herramienta de excelencia en esta disciplina. Debe intensificarse cuando se producen avances y retrocesos del consultante. Esto le permite ser consciente de sus logros y fracasos, aceptar lo que debe mejorar y recibir una opinión confiable. Para lograrlo, el entrenador debe estar atento a cada mensaje escrito, verbal o gestual del consultante. Para que sea efectivo debe ser directo, empático y con el foco puesto en la mejora o el reconocimiento.

g) Consensuar acuerdos

Casi todas las acciones y decisiones que se toman en el proceso de mejora deben ser consensuadas, empezando por el diagnóstico, que debe ser aceptado por el consultante. Al ser elaboradas en forma conjunta, hacen que el consultante tenga un mayor compromiso. Cuantos más y mejores acuerdos se logren, más provechoso será el proceso de avance. Estos acuerdos deben ser hechos por escrito y recordados por el entrenador cada vez que haga falta.

h) Indicar los entrenamientos correctos

Sin ejercicios de entrenamiento no se logra ningún avance. La práctica de lo aprendido en cada sesión hace que la persona lo lleve en forma efectiva al "día a día" del trabajo. Los tipos de prácticas van desde tareas simples a verdaderas baterías de ejercicios secuenciados.

Son interesantes disparadores los *insights* que efectúe el consultante. A partir de ellos pueden programarse ejercicios o hacer descubrimientos o búsquedas profundas.

i) Dar seguimiento a lo pactado

Lo que no se controla no mejora. En cada sesión, el entrenador debe hacer el seguimiento de los logros alcanzados, de los ejercicios realizados y de las reflexiones a las que llegó el consultante durante la semana. Debe anotar cada avance y cada retroceso. También pedirle al consultante, al terminar la sesión, que reflexione sobre ellos, para que tome conciencia de sus cambios. No olvidemos que esta metodología exige un cierto grado de disciplina y voluntad.

j) Administrar eficientemente el tiempo y los recursos didácticos

Tanto el programa de entrenamiento como sus sesiones son acotados. Se pactan con anterioridad. Por esta razón es que debe administrarse muy bien el tiempo destinado a trabajar cada tema, habilidad o herramienta. Encontrar el justo equilibrio entre los contenidos que deben trabajarse y lo que el consultante puede hacer es una tarea sumamente sensible. Hay que estar muy atento a lo que es prioritario cambiar en el rol conductivo del consultante.

Es buen momento para recordar una frase de James Fadiman en su obra *Cómo suprimir las limitaciones ¡y disfrutar de tu vida!*:[4] "Podemos llegar a mostrarnos mucho más abiertos ante las nuevas experiencias reduciendo las barreras que nosotros mismos levantamos para protegernos y sumergiéndonos más profundamente en las experiencias".

✔ **Pregúntese:** *¿Cuáles de estas habilidades cree usted que tiene? ¿Cuáles le falta desarrollar? ¿Qué piensa hacer para mejorarlas?*

Encuesta de evaluación de habilidades del entrenador

Presentamos a continuación una prueba que permite evaluar el nivel del entrenador, sus fortalezas y debilidades.

Debe reflexionar sobre cada una de las oraciones que figuran en la columna de la izquierda, recordando situaciones concretas de los entrenamientos que ha realizado, y colocar en la columna de la derecha (YO) la puntuación que usted mismo se da. Luego pídale a sus consultantes que lo evalúen en las siguientes columnas, siempre haciéndolo del 1 (el puntaje más bajo) al 10 (el más alto).

---

4. Fadiman, J.: *Cómo suprimir las limitaciones ¡y disfrutar de tu vida!* Ediciones Obelisco, Barcelona, España, 1996.

Habilidades	Yo	Cons. 1	Cons. 2	Cons. 3	Cons. 4	Cons. 5	Total
¿Observa, interroga y analiza las situaciones, personas y opiniones que rodean al consultante?							
¿Escucha atentamente y se pone en el lugar del consultante desde lo racional y emocional?							
¿Jamás se involucra emocionalmente en las situaciones y se mantiene objetivo y crítico?							
¿Lleva un registro de lo conversado, refresca dichos, reflexiones y tareas dadas?							
¿Utiliza la pregunta de manera frecuente, asertiva y exploratoria sin asesorar?							
¿Da un feedback inteligente, esperado, y a tiempo que permita tomar conciencia de fortalezas y debilidades?							
¿Se realizan conjuntamente los acuerdos sobre el diagnóstico, los entrenamientos y las herramientas?							
¿Son los entrenamientos brindados suficientes, creativos y útiles para lograr la mejora?							
¿Brinda seguimiento al plan, los entrenamientos y las tareas dadas en cada sesión?							
¿Administra adecuadamente los tiempos de la sesión y el proceso completo? ¿Es cautivante?							
							PROMEDIO

Esta es una herramienta útil para evaluar las habilidades de un entrenador. Es importante también que periódicamente controle con algún experto aquellos entrenamientos que ofrecen mayores dificultades, a fin de detectar nuevas oportunidades de mejora.

3. Encuadre del proceso de entrenamiento

Antes de comenzar el entrenamiento es necesario aclarar con el consultante algunos conceptos clave y reglas que lo encaminarán de manera ordenada y clara en el trabajo.

Este encuadre permite comprender la metodología que aplicará el entrenador, cuáles son sus límites y la forma que utilizará para ayudarlo a mejorar sus rendimientos.

- **Lugar de las sesiones**

Recomendamos, siempre que se pueda, realizar los entrenamientos individuales o grupales fuera del lugar de trabajo. Esto posibilita que los consultantes no se distraigan con llamadas, interrupciones o urgencias laborales. Por otro lado, se logran mejores resultados cuando las personas se encuentran en un contexto no habitual.

- **Programa a implementar**

Debe quedar claro cuál es el objetivo, la duración y los resultados esperados del programa, sus alcances y la forma de trabajo que se llevará a cabo. También los días y horarios de las sesiones.

- **Foco empresarial**

Si bien en este tipo de procesos es necesario trabajar aspectos personales, tanto conscientes como inconscientes, el foco siempre debe estar puesto en la mejora del rol del líder y de su equipo de trabajo. No hay que descuidar que por lo general este proceso lo pide la empresa, por un lado, y también que esta metodología tiene su fuerte en el desarrollo profesional de la persona.

- **Foco en el futuro**

Es importante analizar aspectos del pasado laboral y relacional del que conduce. Pero no hay que perder de vista que esta metodología tiende a la mejora presente y futura. No se concentra en el pasado, sino solo en los modelos restrictivos y miedos que tiene el consultante en el presente y cómo cambiarlos por modelos más productivos para él y su organización.

- **Integralidad del proceso**

En este tipo de proceso es muy importante explicarle al consultante que se trabajará desde distintos ángulos: en su rol como persona, líder, miembro de un equipo y una empresa, y tratar en todo momento de integrar estos cuatro aspectos esenciales. Es probable que la misma situación conflictiva del trabajo sea la que esté presente en su hogar. Es importante observar a la persona de una manera sistémica, contemplando todos los subsistemas que lo rodean. Para ello, debe aclarársele al inicio que se indagará en estos aspectos solo a los fines del entrenamiento.

- **Normas de trabajo**

Debe acordarse con el consultante, desde el primer día, el horario de las sesiones y exigirle puntualidad. También, avisarle que perderá las que se cancelen con menos de 24 horas de anticipación. Asimismo, cuánto deberá abonar (si se tratara de un particular). Por otro lado, exigirle que apague el celular al entrar y recordarle que las tareas consensuadas son obligatorias.

- **Confidencialidad**

Quizás sea una de las cuestiones más importantes para resaltarle al consultante: saber que los aspectos personales trabajados en el proceso se mantendrán en un plano de total confidencialidad. Esto ayuda a que pueda abrirse y expresarse libremente. Recomendamos recordarle que el entrenador solo entregará un informe a la empresa, y únicamente si esta lo requiriese. En dicho informe se indicarán las competencias trabajadas, los ejercicios realizados y los resultados obtenidos.

- **Vínculo de confianza**

La confianza entre consultante y entrenador es fundamental para el éxito del proceso. El vínculo debe ser aclarado desde el inicio. Cualquier duda del consultante acerca del rol u objetivo del entrenador debe ser despejada antes de comenzar el proceso.

También debe comentarle lo que incluirá en el informe, y ofrecerle dejar excluido del mismo cualquier tema que el consultante considere "delicado" o "privado".

* **Protagonismo del consultante**

Se aconseja comenzar un proceso de entrenamiento solo si el consultante entiende cabalmente que debe mejorar algunos aspectos de su liderazgo y convertirse en protagonista del plan de mejora. El rol del entrenador solamente es de guía, enseñanza, escucha y contención. Si el consultante no se compromete con los ejercicios o no realiza las tareas dadas, el proceso deberá suspenderse. El entrenador no debe ser quien "empuje" el proceso, sino quien guíe a la persona en su mejora. Esto debe ser bien entendido por el consultante antes de comenzar.

* **Informe final**

Es imprescindible recordar al consultante cuáles serán los datos que se incluirán en el informe a presentar a la organización. También los que serán dejados de lado para salvaguardar la confidencialidad del proceso.

Se aconseja entregar por escrito una copia de este encuadre al consultante en el comienzo del entrenamiento. Así podrá evitarse cualquier tipo de dudas. El entrenador debe estar permanentemente atento a su cumplimiento.

PARTE II

ENTRENAMIENTO INDIVIDUAL

CAPÍTULO 1

NECESIDAD Y URGENCIA DE ENTRENAR SISTÉMICAMENTE A LOS LÍDERES

Compañías y consultoras de todo el mundo empezaron a tomar cada vez más en serio lo que repiten desde hace décadas: "Lo más importante es la gente". Pero estamos cansados de escuchar esa frase en empresas que se niegan a invertir en el desarrollo y bienestar de su personal. Ese doble discurso ya no es sostenible.

Hoy, cada vez más se acepta que el rol que juegan las personas en una organización es vital. Son la cara visible de la empresa, la mano de obra que le da vida a sus productos y las cabezas que guían y piensan. Todos importan.

Al generalizarse el uso de los sistemas, los productos y las maquinarias, la mayor diferenciación competitiva se logra a través del personal.

Cualquier producto o servicio puede tener similares características, beneficios y ventajas. La diferencia radica en la forma en la que el cliente ha sido atendido, la manera de vender y el servicio que acompañe a la venta. El cliente ha madurado mucho; ya puede distinguir rápidamente cuándo compra un producto en una empresa donde el personal no importa, de otra cuyo personal está comprometido, motivado e identificado con ella.

Los buenos empleados cada vez juegan un rol más diferenciador. A la vez, tienen intereses específicos por los que preguntan antes de incorporarse a un trabajo: ¿cuál será su plan de carrera? ¿Qué capacitación le van a proveer? ¿Será su jefe un líder que lo guíe y le enseñe?

Mes a mes se hace más difícil captarlos, retenerlos y fidelizarlos. Para satisfacer sus intereses, mantenerlos motivados y hacerlos crecer, es indispensable entrenar a los que los conducen: los líderes.

Estos deben dirigir los destinos de sus empresas trazando estrategias y visionando nuevos productos y servicios, pero su principal tarea, hoy, es guiar, escuchar, contener y reconocer a sus seguidores.

Presidentes, directores, gerentes y mandos medios tienen una necesidad que los une: entrenarse en nuevas metodologías y habilidades para enfrentar el desafío de involucrar y motivar a exigentes empleados. Necesitan estar actualizados y bien informados para liderar en un mundo cambiante e incierto. El cambio es veloz y constante; eso indica que todas las fórmulas y conocimientos que se aprendan difícilmente funcionarán el año próximo. La capacitación de un líder en la actualidad, ya debe ser constante.

> ∽ **¡Entrenar líderes para que desarrollen, motiven e integren a sus seguidores se ha vuelto la principal diferenciación competitiva!**

Pero se presenta el obstáculo de que la mayoría de los líderes están ocupados tratando de resolver los problemas del día a día. La inmensa cantidad de mails que reciben, la falta de propósito u objetivos de la organización, la deficiente comunicación interna, el desafío de "apagar incendios" en forma constante atentan contra la formación. Parece que ninguna tarea es importante y que todo es urgente, por lo que se deja de lado lo esencial: seguir aprendiendo.

Atormentados por la gran cantidad de trabajo que cargan sobre sus hombros, no reflexionan sobre sus dificultades para administrar el tiempo, delegar o ejercer la autoridad. Habitualmente presentan innumerables excusas para no liderar con eficiencia. En países como el nuestro, en los que la productividad de un líder no suele llegar al 50%, esto es inaceptable. No se trata de trabajar menos, sino de aprender a hacerlo mejor.

No se los puede culpar ni juzgar *a priori*. Enfrentan diariamente muchos e inesperados problemas, tantos que no saben o no se toman el tiempo de ponderarlos. El contexto es de incertidumbre histórica y hay un recambio generacional que destruye paradigmas a cada instante.

Problemas de liderazgo gerencial relevados en los entrenamientos

1. La transformación veloz y la alta incertidumbre les generan miedos, confusión y angustia durante el ejercicio del rol.
2. Presentan dificultades para encarar y mejorar relaciones humanas difíciles.
3. Hay un cambio importante en el orden de los valores, lo que frente a determinadas situaciones no ayuda para que puedan resolver problemas de forma eficiente.
4. No conocen herramientas adecuadas para decidir en situaciones de emergencia.
5. Con frecuencia tienen dificultades en la administración del tiempo propio y del de los demás.
6. Abundan en el mal uso o desconocimiento de herramientas y técnicas de comunicación efectiva.
7. Ignoran el manejo requerido para los empleados de la "Generación Y". Estos traen costumbres, fortalezas, debilidades y aspiraciones muy diferentes de las de épocas anteriores.
8. Aparecen nuevos obstáculos que no saben resolver en cuanto a promover y mantener el rendimiento de los equipos.
9. La altísima competitividad del mercado les resulta aún novedosa o desconocida.
10. Tienen insuficiencias importantes en la formación cultural y profesional.
11. Es muy frecuente que utilicen inadecuadas metodologías para delegar.

12. Les faltan conocimientos apropiados para resolver problemas y conflictos.
13. Tienen poco o ineficiente conocimiento del ejercicio del rol con autoridad.
14. Es muy común observar falta de coraje en las decisiones.
15. Les cuesta mucho detectar y satisfacer las necesidades del personal para mantenerlo motivado.
16. No hacen planes preventivos. Con frecuencia desconocen la presencia de riesgos y peligros.

Pocas son las empresas que piensan en estos temas y trazan planes para resolverlos. Tampoco proporcionan a sus líderes herramientas para gestionar eficientemente sus equipos.

Para conducir los entrenamientos que proponemos se necesita información al día, formación psicológica y pedagógica, y fundamentalmente conocimiento del ámbito empresarial. El entrenamiento gerencial es cada vez más solicitado por líderes que buscan ayuda y aprendizaje en forma urgente.

CAPÍTULO 2

PROGRAMAS DEL ENTRENAMIENTO INDIVIDUAL

La duración, profundidad y alcance de cada entrenamiento se consensúa con la empresa cliente. Surge de lo relevado en una reunión donde se plantean las necesidades e intereses de la empresa. Allí también se decide el tiempo y el nivel de profundidad de los aprendizajes deseados.

Los objetivos son alineados entre la empresa, el jefe y el entrenador. Sabemos que cada consultante tiene diferentes niveles de reflexión, práctica y aprendizaje que deben ser considerados en el programa propuesto.

Existen tres tipos de programas que se ofrecen a las empresas clientes:

- **Sesión puntual.** Se trata de una sesión de una hora y media a dos horas en la que se realiza una consulta puntual con un líder. Generalmente se tratan emergencias o urgencias.
- **Programa corto.** Consta de una o dos sesiones de una hora y media para el diagnóstico, más ocho sesiones posteriores de entrenamiento. Pero puede variar su duración, dependiendo de las problemáticas a trabajar con el consultante y sus posibilidades.
- **Programa largo.** Se utiliza con consultantes que necesitan hacer cambios importantes en su forma de liderar o en sus equipos de trabajo. Por lo general, los tiempos son indeterminados. Pueden durar de tres meses a un año. Es común este tipo de programas con el dueño de una empresa

45

que llega en forma particular o con un ejecutivo que quiere mejorar varias competencias o transformar su equipo.

La duración del programa está dada por el grado de complejidad de las competencias que se quieran trabajar. También por la brecha existente entre los comportamientos deseados y los que está demostrando el consultante. Para seguir este recorrido es clave considerar los objetivos planteados para el entrenamiento. La metodología comprende cinco pasos:

1. Trabajo previo del entrenador.
2. Sesión inicial de diagnóstico.
3. Sesión de diseño del plan de mejora.
4. Sesiones de entrenamiento.
5. Cierre y evaluación del proceso.

A lo largo del libro analizaremos cada uno de estos pasos. También mostraremos ejemplos, ejercicios, textos y herramientas concretas para uso del entrenador.

CAPÍTULO 3

PROBLEMÁTICAS CLAVE DEL LIDERAZGO ACTUAL QUE DEMANDAN ENTRENAMIENTO

En el contexto de las organizaciones aparecen hoy ciertas actitudes poco proactivas en los líderes que se han instalado como verdaderas tendencias. Trataremos solo algunas, con explicación de los síntomas observables, consecuencias y posibles soluciones.

Nuestro interés es que los ejecutivos las detecten y las consideren como fuertes inhibidores del talento creativo para conducir. Así, luego podrán controlarlas y neutralizarlas, logrando un trabajo mejor con menores esfuerzos.

a) Líderes a los que les cuesta entrar en la emoción de sus seguidores

Síntomas

Muchos ejecutivos no aceptan, y menos aún comprenden, las diferentes emociones que expresan sus seguidores. Hoy, con frecuencia los empleados muestran sentimientos negativos y miedos específicos que disminuyen su productividad. Temen ser atacados o desplazados, y perder posiciones o bienes. Presentan preocupaciones exageradas sobre problemas simples o falta importante de atención o foco en la tarea.

También suelen presentar una necesidad de reconocimiento constante y explícito; tal vez porque no logran conseguirlo en otros ámbitos, ni lo sienten de su familia.

Muchos de ellos no están en condiciones de aceptar emocionalmente una realidad compleja, que a cada momento propone nuevos paradigmas, conflictos y necesidades. Pocos de sus conocimientos se mantienen estables, la incertidumbre invade sus escenarios y no saben a quién recurrir. Aparte de los problemas laborales, los empleados traen a la organización sus problemas afectivos íntimos: dificultades con hijos adolescentes, demandas familiares que no pueden absorber, enfermedades de sus mascotas, el cuidado de sus padres mayores... y crisis existenciales de todo tipo y color.

Estos temas de tinte emocional generalmente no son valorados y menos aún escuchados con atención por quienes conducen. Ellos suelen tener la mirada preparada para ver urgencias y resolver problemas empresariales, pero no este tipo de problemas afectivos y emocionales que los empleados presentan. Es como si no estuvieran preparados para una realidad globalizada y compleja que cada día se impone con más fuerza.

Parece que quienes conducen no cuentan con las herramientas necesarias para moverse en este mundo distinto que les pide: saber escuchar, contener, tranquilizar, informar y guiar.

A partir de este momento introduciremos dentro del texto algunas preguntas que sugerimos al entrenador para que formule al líder o consultante. Estas tienen como objetivo la reflexión y la visualización de algún cambio en su conducta presente.

✔ **Pregúntele al consultante:** *¿Le resulta difícil tratar temas afectivos con sus empleados? ¿En qué casos específicamente le sucede? ¿Por qué cree que pasa esto?* Poner las preguntas unas seguidas de las otras.

Hace algunos años entrenamos al director de un importante laboratorio multinacional. Comenzamos el proceso porque en su evaluación anual sus reportes decían que no tenía empatía con ellos. Uno de los reportes era de una mujer embarazada de cinco meses que estaba muy angustiada porque ya había perdido dos embarazos. Le había costado mucho quedar embarazada esta vez. Cuando le preguntamos cómo se es-

taba involucrando el director en la situación, dijo que le contestó que era un problema personal, que no se quería meter entre ella y su marido, que no entendía cosas de mujeres, que ese no era su rol. Hasta llegó a decirle que "ella se lo había buscado". Solo cuando le mostramos al director que el rendimiento de ella había bajado y que se trataba de una persona clave de su equipo que necesitaba ayuda, entendió que había que escucharla y contenerla.

Pero su primera reacción no fue muy acertada: le recomendó un psicólogo. Esto empeoró la situación ya que la mujer sintió que tenía dos motivos para preocuparse: su embarazo riesgoso y un jefe que pensaba que tenía problemas psicológicos importantes. Evidentemente, este jefe no supo brindar el apoyo que la mujer necesitaba.

Aquellos que tienen dificultades para involucrarse en las emociones de los demás tienden a ignorarlos, alejarse, enojarse con el otro o buscar a alguien que se haga cargo por ellos.

Soluciones

A veces con solo dedicar un tiempo breve de escucha activa el líder podría encaminar a sus seguidores hacia una visión más racional de sus problemas. A ellos les resultaría tranquilizante, y colaboraría para que rindieran mejor en el trabajo. Disponer de unos minutos al día para escuchar a los seguidores se ha convertido en una inversión importante del líder.

Contar y ser escuchado son conductas de alto valor terapéutico que producen efectos positivos inmediatos.

Para reflexionar: el siguiente texto corresponde al libro *Canek* de Ermilo Abreu Gómez[1], inspirado en pasajes de *Popol-Vuh*, colección de leyendas indígenas guatemaltecas.

Canek habló a Guy:
—Mira el cielo, cuenta las estrellas.
—No se pueden contar.
Canek volvió a hablar:
—Mira la tierra, cuenta los granos de arena.

---

1. Abreu Gómez, Ermilo: *Canek. Colección de leyendas indígenas guatemaltecas*, Edición Oasis, México, 1982

—*No se pueden contar.*
Canek dijo entonces:
—*Aunque no se conozca, existe un número de estrellas y un número de granos de arena. Pero lo que existe y no se puede contar se siente aquí dentro, exige una palabra para decirlo. Esa palabra sería "inmensidad". Es como una palabra empapada de misterio. Con ella no se necesita contar las estrellas ni los granos de arena.*

Hoy cambiamos el contacto y la emoción por la conexión por medio de aparatos, WhatsApp, e-mail, chat y redes sociales. La emoción es sin duda una forma importante de conocer al otro. Amplía la visión que tenemos de él, ayuda a entenderlo y abre nuevos caminos en la relación.

Hace un tiempo llegó a la consulta un gerente muy enojado. Ese día había programado muchos envíos a clientes y el personal no alcanzaba. Su organización tenía 16 empleados, pero ese lunes habían faltado cinco de ellos. Cuando le preguntamos por cada una de las faltas dijo: dos viven a tres horas del lugar y nunca llegan en hora por problemas de transporte, hoy no vinieron. Otro llevó al padre al médico, otro tenía que hacer un trámite y el último tuvo que acompañar a su esposa embarazada al hospital para control.

Si todos estos problemas y necesidades hubieran sido escuchados con anterioridad, varias de estas faltas podrían haberse evitado mediante una buena planificación. Como por ejemplo: a los dos empleados que viajaban tres horas, se les podría facilitar un crédito para comprar un vehículo y así llegar a horario al trabajo y hacerse más responsables de las faltas. Con los otros tres hubiera sido bueno arreglar horarios convenientes para cada uno y para la organización. Por ejemplo, cuando uno estuviera en el hospital, los otros deberían estar en la planta.

☞ **Escuchar al otro, permitir y contener sus emociones, y ayudar a resolver sus problemas promueve la conducción del cambio con mejores resultados.**

b) Líderes que presentan poca flexibilidad frente a dificultades laborales de sus seguidores

Síntomas

Ante errores, obstáculos, bajas en el rendimiento esperado, acciones negativas de cualquier índole, frecuentemente los que dirigen muestran una tendencia explícita a culpar, juzgar, comparar o calificar. Cualquiera de estas actitudes no favorece la construcción de una buena relación de trabajo. Parcializan la realidad acentuando lo negativo. Esto trae consecuencias, porque es bien sabido que a nadie le gusta ser culpado, acusado o comparado desfavorablemente por otros. Se trata de una tendencia bastante común que suele provenir de modelos mentales rígidos que el líder asimiló en su infancia o en trabajos anteriores. Se expresan en frases taxativas como estas: "si le marco al empleado lo malo, seguro que va a mejorar"; "si lo comparo con otro mejor, se va a esforzar"; "si lo juzgo, nunca más hará lo que hizo"; "si lo amenazo con echarlo, seguro que va a andar mejor" "si lo culpo ante todos, va a servir de ejemplo para que aprendan los demás", etc.

Estas y otras expresiones similares tal vez hayan sido útiles en épocas pasadas. Pero lamentablemente, aún son usadas en forma frecuente y rígida, sin observar que muchas veces traen más costos que beneficios. Una persona disgustada es difícil que sea encaminada en la tarea, crea conversaciones clandestinas destructivas, genera sinergia negativa y logra dividir el equipo.

✔ **Pregúntele al consultante:** *¿Le da buenos resultados culpar al empleado por un error? ¿Nota si obtiene un beneficio? ¿Alguna vez culpó sin tener la evidencia y reconoció los resultados de esta acción?*

Juzgar de antemano y culpar sin testimonios verificados lentifica la solución de los problemas y trae más conflictos. Estas conductas, como venimos diciendo, no permiten hacer un buen análisis de los problemas.

En la obra *La trilogía de Nueva York,* de Paul Auster[2], un personaje le dice a otro: "En mi trabajo se suele encontrar un poco de todo y si uno no aprende a dejar de juzgar, nunca llegará a ninguna parte. Estoy acostumbrado a oír los secretos de la gente y también estoy acostumbrado a tener la boca cerrada. Si un hecho no tiene relación directa con el caso, no me sirve para nada".

Tampoco ayudan a reconocer los errores que se cometen diariamente en cualquier trabajo. Aceptarlos es clave para poder corregirlos, y mejorar tanto los procesos como los resultados.

En una organización para la que trabajamos en Colombia, el jefe del sector comercial, a pesar de ser muy inteligente y tener buen rendimiento en ventas, era permanentemente culpado por el gerente general. Lo señalaba como poco proactivo, carente de agresividad, lento en las decisiones, introvertido, con poca relación con los otros jefes y escasa comunicación con la autoridad. Después de hacer algunas entrevistas con ese jefe, pudimos constatar que había nacido en Japón, un país con una cultura muy diferente de la latinoamericana. Sus formas de pensar y actuar eran muy distintas de las nuestras. Por eso, consideraba fortalezas lo que su superior creía que eran debilidades. Por ejemplo: valoraba más el escuchar que el hablar, pensaba que si un problema no estaba claro no se podía avanzar en su solución, solo tomaba riesgos si estos estaban absolutamente controlados, tenía falsa modestia con respecto a sus logros.

Si el gerente general hubiera indagado oportunamente acerca de las causas del rendimiento deficiente del jefe en cuestión, es probable que lo hubiera encaminado rápidamente hacia mejores resultados. En lugar de hacerlo, prefirió culparlo y juzgarlo varias veces ante sus pares, lo que en buena parte provocó su renuncia intempestiva.

Soluciones

Lo importante frente a las dificultades que plantea el empleado es, en primer lugar, aceptar lo que sucede. Luego se trata de hacer un buen análisis de la situación presentada. De dicho análisis surgirán varias soluciones. Alguna de ellas seguramente podrá concretarse en una prueba piloto, que más tarde será evaluada.

---

2. Auster, Paul: *La trilogía de Nueva York,* Editorial Anagrama, Barcelona, 1996.

Este es el método lógico ideal para encarar con éxito cualquier problema.

Casi siempre, durante la búsqueda de información aparecen algunas soluciones interesantes que por alguna razón no habían sido consideradas hasta ese momento.

Analizar globalmente cada dificultad presentada aporta, tanto al superior como al empleado, diferentes puntos de vista sobre ella. Esos puntos de vista de inmediato los alejan de posiciones fijas, miedos o prejuicios. Además, les permiten mayor apertura y flexibilidad para encontrar las soluciones adecuadas.

Es oportuno recordar el texto de Leonardo Boff en su libro *El águila y la gallina*:[3] "Todo punto de vista es la vista de un punto. La cabeza piensa a partir de donde los pies pisan. Para comprender es esencial conocer el lugar social de quien mira, cómo vive, con quién convive, qué experiencias tiene, en qué trabaja, qué deseos alimenta, cómo asume los dilemas de la vida y de la muerte, y qué esperanzas lo animan".

☞ **Evaluar solo negativamente los errores y juzgar o culpar la conducta de los seguidores sin tener demasiados testimonios, le impide al líder hacer planes de mejora sustentables, fomentar cambios productivos y mantener buenas relaciones.**

c) Líderes escépticos frente a problemas, oportunidades e ideas innovadoras de sus seguidores

Síntomas

Es frecuente observar entre los ejecutivos una tendencia a no considerar positivamente problemas, ideas innovadoras u oportunidades que se le presentan a diario. Estas pueden provenir tanto de su equipo como de clientes, proveedores o asesores.

La velocidad que exige hoy el trabajo y el gran número de problemas que presenta, llevan a tener una visión superficial de

---

3. Boff, Leonardo: *El águila y la gallina*, Ediciones Bonum, Brasil, 2006.

esos temas o a ni tenerlos en cuenta. Realizan como "un vuelo rasante" sobre las diferentes propuestas. Entonces, antes de equivocarse o pensar en realizar nuevos esfuerzos directamente consideran dichas propuestas en forma negativa, o las ignoran o descartan de cuajo.

No pueden apreciar la totalidad de los fenómenos y solo se hacen cargo de una parte de ellos. Luego se manejan desde un exceso de intensidad negativa con el que juzgan con pesimismo antes de probar, recoger resultados y evaluar.

Califican procedimientos, nuevas conductas o ideas originales como caros, inútiles, absurdos, incontrolables, imposibles, innecesarios, sin cabida en la organización.

El miedo que produce lo diferente, lo no conocido o difícil hace que estas propuestas disminuyan automáticamente su valor. Esto les resulta más efectivo que tolerar la incertidumbre y la inseguridad que produce todo cambio.

Es frecuente escuchar frases como estas: "ese sistema lo usaron en otro supermercado y no resultó", "para desarrollar esa nueva idea no contamos con presupuesto", "retira ya a ese empleado porque es peligroso", "el problema de la demanda seguro que termina mal", "nunca estudiamos las tendencias y siempre nos fue bien", etc. Estas y muchas otras opiniones parecidas anulan por ejemplo la utilidad de un buen estudio de mercado, una prolija investigación, la factibilidad de cualquier idea nueva, las bondades de un nuevo contacto...

Hay que pensar que en las organizaciones existe una fuerte creencia que incita a ser exitoso y aprobado por los otros. Por eso, cometer errores no es bien visto. Se cree que mejor es anticiparse a ellos, juzgar negativamente ideas nuevas, sucesos inesperados, oportunidades o riesgos. Se trata de evitar a toda costa el posible fracaso personal o de la organización.

Este exceso de valoración negativa generalmente proviene de sentimientos de inseguridad o miedos profundos que tiene el líder y que exagera, proyectándolos sobre sus seguidores. Esto hace que detenga los cambios, no conduzca a la reflexión, evite discusiones, provoque inquietud poco proactiva frente a los problemas y no asegure buenos resultados.

✔ **Pregúntele al consultante:** *Durante la semana ¿dispone de tiempo para escuchar ideas nuevas o mejoras que proponen sus empleados? ¿Los incentiva para que lo hagan? ¿Valora las ideas de los otros? ¿Las lleva a cabo con frecuencia?*

Una mujer inteligente y hermosa de 55 años tuvo que tomar en forma inesperada la conducción de una empresa, hasta el momento en manos de su padre, debido a su intempestiva muerte. Este la había conducido durante 20 años con gran éxito comercial. En ese momento las ventas no eran buenas, había recesión en el rubro, tenía poca racionalidad la estructura de la empresa y el equipo no estaba alineado con los objetivos. Eran 20 empleados repartidos en tres lugares distintos geográficamente. El producto que vendían era canto rodado. Casi todos los clientes actuales eran los que los que había logrado el dueño en épocas de cierta estabilidad en la Argentina.

Después de hacer un diagnóstico de situación, aconsejamos fijar en forma clara y precisa el propósito de la organización. Luego realizamos un diseño tentativo de su estructura.

Cuando se le sugirió que sería bueno conversar con el equipo sobre el trabajo realizado para analizar y completarlo, todos sus pensamientos fueron negativos. Dijo, por ejemplo: "no van a entender nada, tendrán miedo a perder el puesto, no aceptarán trabajar de una forma organizada, me van a atacar por todos lados, no estoy en condiciones de defender lo que hice". Sin duda que estos y otros pensamientos similares inhibieron su capacidad de avanzar hacia una conducción más efectiva. Racional y emocionalmente estaba deseando un avance, pero no pudo sostener una sola expectativa positiva sobre el tema. Sus ideas negativas eran tan fuertes que ni siquiera quería analizar su procedencia. Una gran falta de confianza en sí misma y en el potencial de la organización generó esa sensación de escepticismo y parálisis frente a los posibles cambios.

Sus seguidores, que estaban disconformes con el funcionamiento de la empresa y esperaban un líder valiente que implementara cambios urgentes, quedaron defraudados.

Soluciones

Para crear un producto distinto y original hay que instar a los empleados a transformar, o simplemente desaprender, las ideas que tienen. Crear es rediseñar, cambiar, descubrir, inventar, mudar, reciclar…

Este es un don que cualquier persona tiene. Para desarrollarlo necesita darle a su equipo tiempo de relajación y reflexión. Interrumpir el trabajo por un tiempo (15 minutos), y entrar en ese estado promueve la aparición de ideas conectadas, combinadas, trasladadas y asociadas que ayudan a resolver problemas, amenazas, riesgos y aprovechar oportunidades.

Antes de adoptar una actitud escéptica frente a las dificultades que plantea un empleado, trate de darle valor a sus errores. No lo critique, acéptelo. De su análisis también saldrán ideas innovadoras.

Los errores deben ser corregidos lo antes posible para poder continuar el camino de cambio necesario.

En lugar de tener una actitud reactiva frente a lo nuevo y a los errores, los que dirigen deben tener una actitud abierta, receptiva y baja de prejuicios.

Las ideas fijas negativas generalmente provienen de modelos restrictivos hacia el cambio. Tal vez fueron útiles en épocas pasadas, pero en el presente solo inhiben la aparición de nuevas ideas.

Nos referimos a ideas como:

- Más vale malo conocido que bueno por conocer.
- Al empleado lo único que le importa es el dinero.
- Para qué innovar si hasta ahora nos fue bien.
- Los chicos de hoy no se interesan por la creatividad.
- No hay presupuesto para hacer cambios.
- En el horario laboral no hay que parar de trabajar.

¡Saque de sus percepciones ideas como estas lo más rápido que pueda!

Las circunstancias se modifican y los directivos deben cambiar sus formas de pensar por otras más proactivas.

El proceso de innovar exige coraje a diario: aceptar lo desconocido sin temor que el potencial disminuya. Desafiar el miedo a uno mismo y confiar más en las fortalezas propias y de la organización. También es necesario no contaminarse con comportamientos negativos del entorno frente a lo inesperado, lo nuevo o diferente.

Abraham Maslow, el gran psicoanalista norteamericano, dice en su obra *La personalidad creadora*:[4] "Se puede elegir retroceder hacia la seguridad o avanzar hacia el crecimiento. Hay que elegir el crecimiento una y otra vez. Hay que superar el miedo, una y otra vez".

Evite miedos como estos:

- A lo que opinen los otros.
- A que lo dejen solo.
- A no rendir lo esperado.
- A que no valoren lo nuevo.
- A perder dinero u otros bienes.
- A no ser aprobado.
- A que algunos abandonen el proyecto.

Una vez que usted tome conciencia de esos miedos y los controle, estará preparado para explorar una idea nueva y modificarla cuantas veces sea necesario.

La herramienta clave es generar nuevas ideas, seleccionarlas según variables estipuladas de antemano (por ejemplo, costo-beneficio), hacer pruebas piloto y luego evaluar resultados.

La cinta Scotch se inventó para arreglar billetes rotos en los bancos, y mediante exploraciones y pruebas se convirtió en uno de los productos con mayor valor agregado del mercado.

Si usted solo busca certezas y critica lo que no conoce o no probó, con su equipo podrá innovar muy poco.

Dice Joseph Campbell en su obra *Reflexiones sobre la vida*:[5] "Cuando avance en la vida verá un abismo; salte, no es tan ancho como usted cree".

Ojalá sea esta su frase de cabecera para crear un equipo donde el escepticismo pueda ser reemplazado por la esperanza productiva.

---

4. Maslow, Abraham: *La personalidad creadora*, Editorial Kairós, Barcelona, 1994.
5. Campbell, J.: *Reflexiones sobre la vida*, Emecé, Buenos Aires, 1995.

⇝ **El escepticismo juzga parcialmente la realidad e impide tener una visión positiva de problemas y oportunidades. No considera las señales que aparecen para iluminar el camino que conduce a posibles cambios.**

d) Líderes que tienden a victimizarse frente a los problemas

Síntomas

Tomar una posición personal positiva y valiente frente a la vida no es tarea fácil. Implica un prolijo ejercicio de evaluación de las fortalezas propias. No todas las personas tienen esta actitud en un país con tan baja autoestima como el nuestro.

Frente a diferentes conflictos, algunos optan por conducirse como víctimas de los otros. En su relación con los seguidores, lo expresan de la siguiente manera: "esto me lo hacen a propósito"; "todo lo que les di y no lo reconocen"; "no colaboran para que pueda tener un buen equipo"; "no respetan las reglas que les doy"; "no me siguen". Con respecto a sí mismos, se dicen: "no sé por qué no me dieron el premio"; "mi jefe no me considera"; "me exigen más de lo que puedo dar"; "escuchan a mis empleados más que a mí"; "no reconocen mis esfuerzos".

Estas ideas parten de modelos mentales muy primitivos y duros que consideran al otro con poderes absolutos para juzgar y criticar. Desde esta posición, quien conduce se siente muy vulnerable frente a supuestos ataques o críticas y consecuentemente adopta el papel pasivo de víctima.

La víctima es un personaje interno poco proactivo. Se queja, reclama, acusa o demanda. Desde esta posición la persona pierde gran parte de su talento creativo para liderar o resolver problemas. Se vuelve lenta para pedir informaciones pertinentes, es poco creativa para idear soluciones y muy ineficaz para delegar tareas.

Ejercer habitualmente el personaje de la víctima en un equipo resulta muy cómodo. Es más fácil mirar lo que hacen mal los otros y colocarse en un lugar de imposibilidad de maniobra que ver la propia conducta ineficaz. Algunos líderes usan a otras personas para que se alíen a sus quejas y demandas en lugar de hacer un buen diagnóstico de situación y cambiar lo que debe cambiarse.

En la vida, el mundo interno de cada persona está poblado de personajes que pueden poner en juego frente a cada situación y cada objetivo a lograr. Lo importante para conducir es operar con flexibilidad en cuanto al uso de estos personajes y no quedarse focalizado en uno tan negativo y paralizante como el de la víctima.

A propósito de lo que venimos diciendo, resulta interesante leer con detenimiento una poesía llena de sabiduría de Rumi, poeta persa del año 1200, "La casa de huéspedes":

La existencia humana
Es una casa de huéspedes
Cada mañana un nuevo arribo,
Una alegría, una depresión,
Un sin sentido
Como visitantes inesperados.
Dale la bienvenida
A todos ellos, aún si son una masa
De pena y dolor,
Que violentamente
Barren tu casa
O la vacían
De todos los muebles,
Aun así trata
A cada huésped honorablemente.
Él te puede estar
Aclarando para un nuevo deleite.
El pensamiento oscuro,
La vergüenza, la malicia.
Encuéntrate con ellos
En la puerta y ríete,
Invítalos a entrar.
Sé agradecido
Con cualquiera que venga,
Porque cada uno fue enviado
Por una señal del más allá.

✔ **Pregúntele al consultante:** *¿En qué situación laboral tiende a colocarse en el rol de víctima? ¿Es cuando pide algo? ¿Cuando no logra los objetivos? ¿Cuando comete errores? ¿Cuando exige a su equipo un resultado en el que no cree? ¿Cuando sanciona? ¿Cuando delega? ¿Cuando no delega?*

Si un líder culpa a los demás por lo que sucede y se victimiza, deja automáticamente de ser líder. Al fin y al cabo, ¿quién querría seguir a alguien que lo culpa por sus errores y no asume los propios?

El dueño de una pyme, talentoso joven de 38 años, un día presentó a los empleados la nueva estructura de su organización. Esto provocó un rechazo importante del jefe de Producción, su cuñado, quien rápidamente alineó a la mitad del equipo en contra de la propuesta, creando un clima laboral difícil que arrastró protestas por sueldos, excesos de carga horaria y otros.

Al principio, el líder le echó la culpa al cuñado, a los empleados, al cambio. Pero estas y muchas otras ideas parecidas le impidieron hacerse cargo del problema.

Cuando se dio cuenta, tomó las riendas de la situación y llamó al jefe de Producción para analizar con más profundidad lo sucedido. Luego le dio indicaciones precisas acerca de cómo, cuándo y dónde debía trabajar con sus empleados la aceptación y funcionamiento de la nueva estructura. También le recordó pautas y procedimientos de su puesto, con los que últimamente no cumplía, y lo intimó a ejercer sus funciones más eficientemente. De lo contrario, le avisó que sería despedido.

Soluciones

Un buen líder necesita tener presencia, coraje para actuar, definición y, por sobre todo, debe valorar permanentemente su posición. Así es como lo van a seguir en las buenas y en las malas.

Por lo tanto, cuando se vea dominado por el personaje de la víctima debe abandonarlo urgentemente, efectuando alguna acción valiente y pertinente a la situación en la que está involucrado.

Debe convertirse en un verdadero guerrero que con honestidad exprese frases como estas: "me equivoqué"; "salió mal pero lo vamos a arreglar"; "no es lo que pensaba pero vale la pena cambiar el rumbo"; "para lo difícil que fue el operativo, los errores cometidos no fueron tantos"; "desconocía esa tecnología pero me informaré sobre ella"; "tomo la decisión aunque no manejo todas las variables"; "salgamos urgente a vender el remanente"; "escuchemos lo que está marcando el asesor" …

Lo más importante es que el líder se dé cuenta cuando se encuentra en la posición de víctima. En primer lugar debe aceptar lo que está pasando, luego reflexionar sobre su conducta e inmediatamente pasar de ser víctima a ser protagonista de la situación.

Por ejemplo, si un jefe se siente víctima de su empleado porque este lo volvió a engañar, no debe perder tiempo en culparse o lamentarse. Rápidamente tiene que buscar información verdadera sobre el asunto y luego operar en consecuencia, con autoridad y decisión.

En situaciones críticas, el líder que se pone en víctima recibe lástima, rechazo o falta de comprensión de sus seguidores. Estas impresiones colectivas retardan los resultados de cualquier equipo.

Desde el personaje de víctima, por lo general, el líder tiende a exigirse más de lo que debe, asumiendo tareas y compromisos que no le corresponden.

Esta relación laboral de víctima y victimario produce efectos sumamente negativos para llevar las cosas adelante. Es una relación de dependencia extremadamente nociva para el equipo y para la tarea a realizar.

☞ **Un líder que frente a las dificultades toma habitualmente el personaje de víctima crea inestabilidad emocional en su equipo, produce grietas en las relaciones y anula su verdadero potencial creativo para conducir.**

e) Líderes que tienen dificultades para reconocer fortalezas propias y de sus seguidores

Síntomas

Cuando las personas no son capaces de valorar su autoestima en la misma medida que su autocrítica entran en un camino errático. Pierden la confianza, el amor y el respeto a sí mismos.

Lo peor es que este sentimiento lo proyectan en los demás. Es bastante común ver en los que mandan conductas como estas: exigen más de la cuenta, no valoran esfuerzos de los empleados, no les reconocen fortalezas, los controlan excesivamente, los desvalorizan frente a los errores, etc.

Esta pobre imagen de sí mismos, de la cual pocas personas tienen conciencia, se construye sobre la base de fuertes modelos de rol, de crítica y de control generados en la primera infancia. Luego, con el correr del tiempo, estos se articulan con miedos poderosos que inevitablemente generan falta de confianza y de reconocimiento hacia los demás.

Una talentosa joven de 40 años se hace cargo de 12 franquicias de una línea de productos de limpieza para el hogar. Nos consulta presentando disconformidad con respecto al reconocimiento de su trabajo por parte del gerente de la compañía (sueldo, premios, etc.). También expresa cansancio por el excesivo trabajo que realiza de control y seguimiento del personal en las franquicias.

Su historia aparece claramente influenciada por modelos parentales que premian cierto tipo de eficiencia basada en criterios tales como: lo que vale es la cantidad de esfuerzos realizados, lo que califica es la rapidez en los logros obtenidos. También aparece un excesivo respeto por modelos laborales donde el cambio no es bien visto y se valora preferentemente una larga estabilidad en el puesto y la aceptación absoluta de la tarea verticalista del conductor.

El jefe tiene un modelo de conducción que no valora al personal. Es más, cree que si lo valora no promueve mayor rendimiento en su equipo.

Ella no va a cambiar a su jefe. Por lo tanto, lo que debe transformar es su permanente deseo de reconocimiento por parte de la compañía. Es condición esencial para bajar sus angustias laborales.

✔ **Pregúntele al consultante:** *¿Festeja sus aciertos? ¿Sabe reconocer sus fortalezas y progresos? ¿Expresa reconocimiento a sus empleados cuando logran un objetivo? ¿Cuando proponen un cambio? ¿Cuando se comprometen con la tarea que les delegó?*

Soluciones

El líder debe detectar primero su falta de reconocimiento hacia el trabajo de sus empleados. Luego discernir sobre las causas que lo impulsan a tener esa actitud y buscar herramientas para mejorarla.

Tiene que animarse a valorar sus propias fortalezas, mostrarlas y compartirlas con los demás. Saber que el impulso creativo de su equipo depende en gran medida de su propia imagen positiva. Si él se valora, sabrá proporcionar esperanza, promover valentía, fomentar la alegría e inspirar confianza en su equipo. Así es como lo volverá mucho más proactivo.

En *8 claves para el cambio creativo* Hilda Cañeque dice: "El impulso creativo comienza en la mente. Depende del valor y el uso de nuestra imagen. Si está estructurada sobre la base de fortalezas, los avances creativos serán más fáciles, más abundantes y más productivos. Si proyectamos esta energía positiva en la relación con los demás, todo irá mejor…".[6]

Debe amar la persona que él es y lograr que sus virtudes se proyecten en sus seguidores. Esta postura genera inevitablemente sinergia positiva. Ayuda a enfrentar problemas y emprender cualquier cambio o innovación con éxito. Incita a tomar riesgos controlados y a aprovechar en forma abierta las oportunidades que se presenten.

Para practicar esta propuesta, el líder puede preparar con su equipo un plan semanal de acciones positivas, reconociendo sus fortalezas para llevarlo a cabo. Luego, ejecutar las acciones pertinentes y evaluarlas, teniendo en cuenta primero aciertos y después errores. De acuerdo con los resultados, podrá prepa-

---

6. Cañeque, H.: *8 claves para el cambio creativo*, Ediciones Granica, Buenos Aires, 2014.

rar lo antes posible un nuevo plan con las características antes señaladas.

Es importante que marque el rumbo, desde una visión positiva de la meta a lograr.

A propósito del tema incluimos un texto anónimo, que en forma simple comenta lo que significa honrar fortalezas propias y la proyección que esta acción tiene en los demás. ¡Está especialmente indicada para los líderes de este siglo!

Cuando me amé de verdad

Cuando me amé de verdad comprendí que en cualquier circunstancia yo estaba en el lugar correcto, a la hora correcta y en el momento exacto. Pude relajarme. Hoy sé que eso tiene un nombre... autoestima.

Cuando me amé de verdad, pude percibir que mi angustia y mi sufrimiento emocional no es sino una señal de que voy en contra de mis verdades. Hoy sé que eso es... autenticidad.

Cuando me amé de verdad, dejé de desear que mi vida fuera diferente y comencé a ver todo lo que acontece y lo que contribuye a mi crecimiento. Hoy eso se llama... madurez.

Cuando me amé de verdad, comencé a percibir cómo es ofensivo tratar de forzar alguna situación o persona solo para realizar aquello que deseo, aún sabiendo que no es el momento o que la persona no está preparada, inclusive yo mismo. Hoy sé que el nombre de eso es... respeto.

Cuando me amé de verdad, comencé a librarme de todo lo que no fuese saludable..., personas, situaciones, todo y cualquier cosa que me empujara hacia abajo. De inicio mi razón llamó a esa actitud egoísmo. Hoy se le llama... amor propio.

Cuando me amé de verdad, dejé de temer al tiempo libre y desistí de hacer grandes planes, abandoné los mega proyectos de futuro. Hoy hago lo que encuentro correcto, lo que me gusta, cuando quiero y a mi propio ritmo. Hoy sé que eso es... simplicidad.

Cuando me amé de verdad, desistí de querer tener siempre la razón y con eso, erré menos veces. Hoy descubrí que eso es la... humildad.

Cuando me amé de verdad, dejé de quedar reviviendo el pasado y preocuparme por el futuro. Ahora me mantengo en el presente, que es donde la vida acontece. Hoy vivo un día a la vez. Y eso se llama... plenitud.

Cuando me amé de verdad, percibí que mi mente puede atormentarme y decepcionarme. Pero cuando yo la coloco al servicio de mi corazón, ella tiene una gran y valiosa aliada. Todo eso es... ¡saber vivir!

Para profundizar este tema, recomendamos la lectura del Capítulo 1 del libro *8 claves para el cambio creativo*, de Hilda Cañeque.[7]

f) Líderes que abundan en la formulación de quejas, críticas poco constructivas o exigencias desmedidas

Síntomas

Insistir en el uso de quejas, juicios o exigencias desmedidas hacia los seguidores es frecuente entre los que conducen. Parten de un deseo oculto de imprimir castigo, culpa o vergüenza cuando el empleado no rinde al nivel de sus expectativas.

Presuponen una actitud errónea o malvada del otro solo porque no actúa de acuerdo con su sistema de valores.

Hace tiempo entrenamos a José, jefe de sector de una organización muy reconocida. A pesar de tener una alta expertise *en el área, había disminuido sus rendimientos con el equipo.*

En su diagnóstico apareció que vivía aterrorizado por el gerente de RRHH. *Este, frente a quejas de empleados y sindicatos sobre el accionar de José, invariablemente lo llamaba y entablaba comunicaciones como la que sigue:*

Gerente: —José, ¡otra vez usted maltrató al personal! Vino la cadete a quejarse porque ayer le exigió demasiado y de muy mala manera.

José: —No puede ser. Yo no hice eso. Déjeme que le cuente lo sucedido…

Gerente: —No me interesa lo sucedido. Lo que le digo es que cuide sus modales, porque la próxima vez no lo voy a poder defender. En cinco oportunidades en dos meses alguno de su equipo vino a quejarse por su maltrato.

José: —Lo que le digo es que no maltraté a nadie. Si me cree, bien, y si no, también.

El gerente quería que José sintiera miedo, vergüenza o culpa y no escuchaba su relato. Tampoco lo indagaba, por lo que no podía hacer un

---

7. *Ibidem.*

diagnóstico y menos aún un plan de mejora para resolver el problema repetido de José con su equipo.

Lo que sí logró fue crear en José una buena dosis de bronca y desilusión. Había sido acusado, sin posibilidad de defenderse. Sin ser escuchado ni valorado.

El gerente rebajó la autoestima de José y esto fue de muy alto costo para el equipo. Su conductor se desmotivó y lo transmitió.

Hay que saber que no todos los empleados están preparados para recibir quejas, juicios o exigencias desmedidas. A la mayoría, este modelo de conducción les provoca reacciones defensivas y dejan de ser solidarios con la organización.

La actitud de preconcebir lo que está mal y lo que está bien aliena.

Lleva a inventar clasificaciones y dicotomías sobre las personas y sus formas de actuar. Es una manera muy precaria de los que conducen para ordenar sus propios sentimientos, miedos y necesidades en relación con sus seguidores.

Por ejemplo, un gerente que es muy obsesivo por los detalles y el orden dictamina que sus empleados son descuidados y desordenados. Su criterio personal es lo que califica a los demás.

✔ **Pregúntele al consultante:** *¿Cuántas veces en el día se queja o critica a otro? ¿Cuándo exige demasiado a los demás? ¿En qué momento tiene una mirada positiva del trabajo del otro?*

Soluciones

El gerente de RRHH señalado antes, podría haber dicho a su jefe: "José, ayer vino la cadete muy enojada porque dice que tus exigencias son desmedidas. Por favor, cuéntame el diálogo con ella. Luego veremos cómo seguimos con el tema".

Con esta propuesta, José seguramente se hubiera sentido más proclive a modificar su forma de plantear exigencias a los empleados.

Muchos conflictos podrían evitarse si las personas no usaran el modelo mental fijo de "atribuir el error al otro". Esta actitud se funda en la incapacidad de pensar en uno mismo y en lo vulnerable que somos cuando las conductas de los otros salen de nuestros parámetros.

Desde este concepto hubiera sido oportuno que el gerente de RRHH pensara lo que sentía ante la conducta ineficaz repetida de José. Qué miedos le provocaba y cómo querría que respondiera su jefe frente a las críticas de los empleados... Así podría proporcionar a José un aprendizaje clave sobre la relación con sus seguidores, que aún él no tiene bien incorporado.

Lo que más vale es observar e indagar la conducta del otro. Lo que más complica es evaluar prematuramente la conducta del otro. Se trata de observar con claridad lo que vemos, oímos o tocamos.

Muchas veces clasificar y juzgar a las personas por anticipado produce heridas que llevan a reacciones violentas e intempestivas. Lo mismo ocurre cuando convertimos deseos propios en exigencias desmedidas para los demás.

No es lo mismo decirle a un empleado: 1) "Eres demasiado lento" que "cuando te veo trabajar pienso que si aceleraras un poco más el ritmo podrías llegar con más resto al objetivo propuesto"; 2) "Siempre llegas tarde, como si no te importara el trabajo" que "Estoy observando que esta semana llegaste tres veces tarde, ¿te sucede algo?".

Se trata de decir lo que hay que decir, sin culpar ni juzgar de antemano. Esta propuesta asegura las mejores relaciones.

El efecto de la sinergia negativa en las organizaciones trae enormes daños y perjuicios.

Breve relato interesante:

El dueño de un negocio gritó y culpó al administrador porque no le alcanzaba el dinero. El administrador llegó a su casa e increpó a su esposa acusándola de gastar demasiado en la tienda. La esposa le gritó a la empleada porque había hecho una cena diferente de la que ella había pedido. La empleada le dio una patada al perro porque la hizo tropezar. El perro salió corriendo y mordió a una persona que se le interpuso. Esa señora fue al hospital a vacunarse contra la rabia y gritó al médico porque le dolió la vacuna. El médico llegó a su casa, gritó y culpó a su madre porque la comida se había pasado. La madre se acercó, lo tocó y le dijo "Hijo querido, estás muy cansado. Necesitas un descanso urgente. Mañana te haré tu comida favorita".

Recién en ese momento se rompió el círculo de culpar y juzgar. El médico logró acostarse más tranquilo y seguramente al otro día llevó mejor humor al hospital.

Toda acción acarrea diferentes consecuencias. Se trata de reflexionar qué acción es la mejor.

Si quiere aprovechar más y mejor las oportunidades que cada situación le ofrece, el líder debe intentar cambiar las siguientes actitudes:

1. Duda por pregunta.
2. Queja por pedido.
3. Protesta por propuesta.

☞ **Si un líder abusa al dar mensajes negativos, no convencerá a su equipo para avanzar hacia objetivos de cambio.**

g) Líderes que no se comunican en forma clara y precisa con sus seguidores

Síntomas

Las personas se comunican vinculando y atendiendo las necesidades e intereses de ambas partes. Se relacionan de las más diversas maneras. Para que esto se produzca con éxito, es necesario establecer un código común entre el que transmite un mensaje y el que lo recibe. Necesitan un lenguaje con un significado que por convención facilite el entendimiento mutuo. Por ejemplo: deben hablar los dos en el mismo idioma.

Este proceso, por muy simple que parezca, si no se realiza por medio de mensajes claros y precisos sufre las más variadas distorsiones. Hoy los que conducen, por lo general, no prestan atención suficiente a los mensajes que transmiten o reciben de sus colaboradores. Estos suelen ser incompletos, tendenciosos, inoportunos, ambiguos, y muchas veces fuera de tiempo y lugar... Así es como se producen diferentes "ruidos" en la comunicación, que terminan convirtiéndose en perturbaciones y dificultades en el trabajo.

> *Un gerente les dice a los jefes: "Háganse cargo de todo, tengo que salir".*
> *Ellos se preguntarán: ¿qué es todo? ¿Por qué se fue? ¿Cuándo vuelve? ¿Se habrá acordado de firmar los cheques? ¿Le pasa algo grave?*
> *Otro jefe le dice a su equipo: "La situación está difícil, vamos a tener que suspender gente".*
> *Su equipo se preguntará: ¿qué es difícil para esta empresa? ¿Hasta cuándo estará difícil? ¿Cuál será el primero en la lista de suspensiones?*
> *Un encargado le dice a su equipo: "Debemos trabajar el domingo porque no llegamos a entregar la mercadería".*
> *Su equipo se preguntará: ¿por qué sucedió esto? ¿Por qué no se consultó quiénes podrían hacer el trabajo y quiénes no? ¿Nos van a pagar horas extras por el domingo? ¿Se respetan los mismos horarios de la semana?*

En todos estos ejemplos se observan fallas importantes en la comunicación.

Dice Martín Cañeque en su obra *El nuevo liderazgo:*[8] "El solo hecho de escuchar de manera abierta sincera y paciente ya representa una gran ayuda para quien es escuchado. Hacer las preguntas adecuadas le permite al otro exteriorizar sus emociones, ordenarse, verse a sí mismo frente al problema".

✔ **Pregúntele al consultante:** *¿Reflexiona habitualmente sobre las formas de comunicación que utiliza dentro y fuera de su organización? ¿Le dan la importancia debida a este tema con su equipo de trabajo? ¿Le enseña los nuevos modelos de comunicación? ¿Cuenta con Políticas de Comunicación?*

Soluciones

Cada mensaje incompleto o ambiguo inevitablemente presenta dudas, confusiones, quejas, miedos y reclamos en quienes lo reciben. Hay que tener en cuenta que esos mensajes son recibidos

---

8. Cañeque, M.: *El nuevo liderazgo*, Ediciones Granica, Buenos Aires, 2017.

por personas con miedos, fantasías, intereses y necesidades que se reactivan en el mismo momento de decodificarlos.

El que conduce debe emitir los mensajes considerando al receptor y la situación en la que este se encuentra. No deben estar ni por arriba ni por abajo del nivel de quien los recibe.

Además, debe corroborar el feedback; es decir, la ida y vuelta del mensaje. Un retorno efectivo es la única manera de constatar que el mensaje se ha recibido correctamente por el receptor. Este lo expresa con un cambio en su conducta que puede ser observado en el material escrito, verbal, gestual o actitudinal.

Hoy es imprescindible que quienes conducen tengan presente, al enviar el mensaje, lo que es esencial y lo que es secundario o accesorio. Para lograrlo, no deben perder de vista el objetivo que persigue el mensaje.

Este es un mail textual que envió el dueño de una compañía de 180 empleados a su jefe de operaciones:

> *Hola Pedro. Te digo que nuestro vínculo está desgastado. No reflexionamos y eso nos lleva a pelear todo el tiempo. Debemos cambiar para no engancharnos con temas poco productivos. Te lo dije muchas veces, pero no pasa nada. Creo que podemos cambiar, pero no cambiamos. Yo te admiro, pero no puedo evitar decirte lo que haces mal. Ayer me dijo el encargado que no se pudo entregar el pedido al cliente de la concesionaria. Fíjate qué pasó con el programa de producción y también en la logística. Cuando te parezca nos vemos. Saludos. Juan.*

Aquí lo esencial es: "no haber llegado en tiempo y forma con los requerimientos del cliente". Pero el mensaje queda diluido en una cantidad dispersa de datos y sentimientos confusos que predisponen negativamente al jefe de operaciones. Para ordenarlo, el dueño tendría que haber prestado atención a lo que necesitaba él, lo que necesitaba el cliente y también la organización.

Para tener la seguridad de que entendimos bien lo que quiere decir el otro es útil repetir lo que entendimos, pero con nuestros términos. También, si no resultó claro, se puede preguntar directamente sobre el mensaje recibido.

Al parafrasear lo que el otro dijo, si se equivocó, le damos la oportunidad de corregirse y aclarar. Esta maniobra hace más completa la comunicación.

Un gerente le dice a uno de sus jefes: "La semana pasada te enfrentaste varias veces con el encargado".

El jefe le contesta: "Él tiene muchos problemas".

El gerente, al no obtener claridad sobre el asunto, le pregunta entonces: "¿Te molesta que hablemos de este asunto?".

Esta pregunta va directo a lo que está ocurriendo en el interior del jefe con respecto al encargado. Invita a que aclare lo sucedido entre ambos.

Preguntar, volver para atrás en el diálogo, pedir la repetición del mensaje son maniobras que ayudan a clarificar. Ahorran tiempo y energía.

Emitir mensajes claros y precisos es la manera más segura de llevar a los seguidores hacia los objetivos del equipo y de la organización.

> ❦ **La comunicación del líder debe ser clara, precisa y redundante. Es la herramienta clave para lograr que sus seguidores le presten atención, lo entiendan y lo sigan.**

h) Líderes que pierden motivación para llevar a sus equipos hacia los objetivos

Síntomas

Muchos de los que hoy dirigen se encuentran desanimados, son poco productivos y tienen una baja valoración de sus fortalezas. Se resisten a tomar riesgos, repiten procedimientos equivocados, no afrontan rápidamente peligros o riesgos, no se preocupan por conocer más.

En los ámbitos empresariales la motivación ha caído en desgracia. También hoy es difícil despertar en jóvenes y niños verdaderos intereses para crear, cambiar, descubrir, inventar o lograr un propósito. No son capaces de reconocer y explotar sus deseos para construir lo nuevo. Menos aún de sostener su voluntad para lograrlo y superar los obstáculos que se presenten.

Un gerente no puede estar motivado si recibe demasiadas presiones o una catarata de estímulos diarios. Tampoco si lo corre el tiempo o está absorbido por el uso excesivo e indiscriminado de una tecnología, que a veces es innecesaria.

Se quejan de la falta de motivación de sus empleados, ¿pero acaso les preguntan que desean o necesitan? ¿Los motivan lo suficiente para emprender proyectos nuevos? ¿Los estimulan para avanzar en su carrera laboral?...

Estar motivado es tener una disposición proactiva para cambiar, producir, mejorar o innovar. Nace de necesidades e intereses específicos de cada persona dentro del ámbito en que se mueve.

Depende mucho de la historia personal, de las heridas que tuvo, de gratificaciones y reconocimientos que recibió o recibe esa persona.

✔ **Pregúntele al consultante:** *¿Está presente habitualmente para motivar al equipo "en las buenas y en las malas"? ¿De dónde saca energía para hacerlo cuando el escenario es negativo? ¿Conoce las necesidades e intereses de su equipo?*

Soluciones

Si un gerente está motivado y fija su atención en determinado objetivo, los demás lo seguirán. Casi todos encontrarán en sus propuestas aquello que están deseando ser o tener.

Este proceso da sentido y continuidad al compromiso que los empleados tienen con el trabajo de cada día. Ayuda a resolver problemas, a insistir y a resistir. Da energía para el cambio.

Para que los que conducen se motiven y transmitan entusiasmo necesitan estimulación adecuada y períodos de reflexión y descanso. Por ejemplo: viajar a otros países para ver cómo trabajan distintos líderes, leer diarios y revistas de su rubro, hablar con diferentes colegas, promover visitas de profesionales a su sector…

Otro requisito es que respeten estados mínimos de relajación durante la jornada laboral. Es en ellos y no corriendo de un lado para otro donde afloran intereses, deseos e ideas nuevas que alimentan la motivación. Es importante crear un entorno que la favorezca; un clima que apruebe ideas nuevas, mejoras y pequeñas pruebas piloto sobre su aplicación.

En una investigación de la Universidad Di Tella en 2010 se hizo una encuesta con jefes de alrededor de 35 años acerca de lo que necesitaban de sus superiores. Ellos expresaron, en orden de importancia:

1. Que les dediquen tiempo para orientarlos.
2. Que investiguen sus expectativas e intereses personales.
3. Que relacionen los desafíos laborales con sus intereses.
4. Que les busquen oportunidades laborales relacionadas con sus intereses.
5. Que hablen más con sus colaboradores.

Estas respuestas revelan un pedido de ayuda dirigido hacia los que mandan: que otorguen mayor valor a lo que muchas veces suponen "tibias o volátiles" motivaciones de los empleados.

De esa manera podrían encauzarlas y desarrollarlas. Pero en lugar de eso, los directivos otorgan autos, bonos, viajes, premios… con lo que no logran motivar efectivamente. Aún con estos costosos recursos no aparece la deseada motivación para innovar, mejorar, impulsar o hacer bien la tarea.

Los empleados están inundados de estímulos, el trabajo es cada vez más exigente, el ritmo se volvió muy rápido, la tecnología y el modelo consumista avanzan estrepitosamente… Todo eso sirve para tapar deseos, necesidades y angustias.

Se necesita hacer acopio de motivaciones y desarrollarlas con entusiasmo. Aprender a valorar las pruebas piloto de ellas y tomar riesgos controlados sobre su desarrollo. También buscar las mejores informaciones sobre el recorrido de las nuevas ideas para ver si son sustentables.

☞ **Un líder tiene que encontrar motivaciones para estimular la mejora en su equipo y mantenerlo interesado. Con esta actitud irradia energía positiva para avanzar.**

i) Líderes a los que les cuesta delegar

Síntomas

Es común hoy que un gerente manifieste "estar sobrepasado". Dice que no puede con todo, que no le alcanzan los tiempos, que todo es importante... Estas son quejas habituales. Cuando indagamos, nos damos cuenta de que la mayoría de ellos está realizando tareas operativas alejadas de las cuestiones estratégicas que deberían manejar. Por lo general tienen una clara dificultad para delegar en su equipo asuntos que podría y debería saber hacer.

También, cuando el equipo no está en condiciones de hacerlas, los que dirigen descuidan la invalorable oportunidad de enseñar y motivar a los integrantes para que lo logren. Prefieren subestimar sus capacidades a tomarse el tiempo y dedicación para capacitarlos.

Hay que establecer claramente las diferencias entre un mandato y una delegación. El primero es un encargo que se le da al empleado. No tiene importancia más allá del cumplimiento de su tarea del día a día. Su realización es relativamente fácil.

Delegar, en cambio, es un "proceso" por el cual el líder le da al empleado una tarea para que resuelva. Tiene importancia para el líder pero no puede o no quiere hacerla personalmente. Sirve para que el que conduce pueda enfocarse en cuestiones más estratégicas. También es útil para que el empleado se desarrolle y motive al hacer tareas nuevas o cada vez más complejas.

La delegación lleva tiempo de explicación y de aprendizaje, pero en el futuro le ahorra al líder muchísimo tiempo y energía. Además, es sin lugar a dudas, una de las funciones más importantes que debe cumplir un líder, y de las más esperadas por sus seguidores.

> ✔ **Pregúntele al consultante:** *¿Cuál es la verdadera razón por la que no delega a sus empleados? ¿Qué miedos o prejuicios personales necesita trabajar para delegar? ¿Qué esfuerzos efectivos ha realizado para capacitar a su equipo en esta competencia?*

Por varias razones, no se delega. Casi todas tienen que ver con los temores de quien delega: a dejar en manos de otros una tarea, a pensar que nadie lo haría como él, a que lo hagan mejor que él, a que sea una pérdida de tiempo, a perder el control...

Cuando los líderes no delegan, empobrecen su función. No logran sus objetivos o los consiguen a costa de su salud, su tiempo libre o su relación de guía y dirección. Con esa actitud, los colaboradores se ven perjudicados porque no asumen nuevas tareas y responsabilidades. Eso los motivaría mucho más en su trabajo.

> *Cierto día, un gerente general atendía el mostrador de recepción de una importante compañía. Cuando le preguntamos qué hacía allí, contestó que habían faltado dos recepcionistas. Por la tarde, el gerente seguía atendiendo el mostrador y cuándo le preguntamos por qué seguía haciéndolo, contestó que no había quien lo hiciera. Le dijimos que nos parecía bien, pero que no se olvidara de pasar, en su liquidación, sus honorarios como recepcionista. Seguro que la empresa no iba a estar dispuesta a pagar tan altos honorarios por atender el teléfono. A él se le pagaba una fuerte suma por hacer planes estratégicos y controlarlos, no por atender el teléfono.*

Soluciones

Un líder debe aprender a delegar. Recomendamos leer el capítulo "Delegar para crecer" del libro *Aprender a liderar*[9], de Martín Cañeque.

El líder debe hacerse algunas preguntas:

- ¿Cuáles son las tareas críticas y estratégicas de mi puesto?
- ¿Qué tareas que no son críticas puedo delegar?
- ¿A quién debo delegar determinada tarea? ¿Está preparado el colaborador? Si no lo está, ¿cómo debo entrenarlo?
- ¿Cómo debo comunicar lo que deseo que hagan?
- ¿Cómo puedo motivarlos a que se comprometan con la tarea?
- ¿Cómo me aseguro de que se hace correctamente el trabajo delegado?
- ¿Cuándo y cómo hago seguimiento de lo delegado?

---

9. Cañeque, M.: *Aprender a liderar*, Temas, Buenos Aires, 2012.

El líder debe diferenciar y tener claridad sobre cuáles son sus tareas estratégicas. Estas son las que hacen que su trabajo agregue valor a la organización. Entonces, rápidamente puede detectar que hay otras tareas que actualmente hace y que debería delegar.

Debe identificar las competencias que posee cada uno de los miembros de su equipo. Luego, elegir al que tiene conocimientos y experiencias como para realizar la tarea a delegar.

Si directamente no tiene quien pueda hacerlo, tendrá que invertir tiempo en formar el recurso. Cada minuto que dedique a esa tarea serán horas ahorradas en tiempo y energía para el ejercicio de su rol.

Un tiempo bien invertido es explicar con claridad al seguidor qué es lo que se espera de él y en qué plazo. También asegurarse de que entendió la tarea. Luego brindarle apoyo, confianza, seguimiento y control.

Lo que ayuda a disminuir los temores a delegar es dar indicaciones precisas sobre los parámetros a tener en cuenta, las decisiones que puede tomar el otro y las que debe consultar.

Para este tema, aconsejamos consultar un método específico para delegar desarrollado en el libro *8 claves para el cambio creativo,* de Hilda Cañeque.[10]

> ☞ **Delegar es la herramienta estratégica de gestión por excelencia. Para obtener sus beneficios hay que invertir tiempo y esfuerzo en su aprendizaje. Debe ser entrenada en forma continua.**

j) Líderes con dificultad para transmitir una visión inspiradora de la organización

Síntomas

En un mundo que ha perdido el rumbo, a menudo los empleados piden al líder una visión de la empresa que los inspire y motive.

---

10. Cañeque, H.: *op. cit.,* pág. 262.

Muchos de los líderes encargados de transmitir esa visión no se sienten alineados a ellas, no las creen o no llegan a comunicarlo eficazmente a sus seguidores.

Hoy, a raíz de esta falta de rumbo, se observan: empleados poco comprometidos y con alta rotación, bajo nivel de productividad, tendencia progresiva a generar engaños, baja creatividad en resolución de problemas y en formulación de ideas innovadoras, ausentismo…

Por lo general no hay una visión clara que motive al empleado. Puede ser que la organización no la tenga o que los líderes no sepan transmitirla.

A veces hasta parece que perdiera importancia la visión del trabajo y de la empresa. Tal vez porque el mayor valor esté puesto en las ganancias monetarias. Muchos se olvidan de incluir en las propuestas de resultados otros valores más trascendentes, como: la responsabilidad social, la pertenencia a un grupo, la honestidad, el compañerismo, la justicia, el conocimiento, el afán de progreso, la solidaridad, etc.

Relatamos una historia de la mitología griega, que permite reflexionar sobre los valores que pueden sustentar una visión. En ella vemos lo que sucede cuando el valor monetario ocupa el primer y único lugar.

Midas era rey de Frigia y ayudó a Sileno, miembro de la corte de Dionisos, cuando se había perdido en un bosque. Dionisos le ofreció a Midas, en recompensa, el don que él le pidiese. Midas pidió el don de convertir en oro todo lo que tocase. Su asombro fue grande al observar que las rocas, flores y todo lo que tocaba se convertía en oro. Loco de alegría, creyó haber pedido a Dionisos el mejor don. Su júbilo duró poco, al constatar que no iba a poder comer ni beber más. Peor se sintió cuando su hija, al abrazarla, se convirtió en una dorada estatua. Tampoco pudo llorar porque sus lágrimas eran pepitas de oro. Entonces, desesperado, le pidió a Dionisos que le quitara ese don. Así es como pudo recuperar sus deseos, necesidades y la relación con su hija.

Si no sabemos para qué estamos en la empresa y lo que queremos lograr, el rumbo se hace incierto y errático.

A nadie motiva pasar nueve o diez horas trabajando en un equipo que no desea trascender de alguna manera, lograr diferentes resultados, cambiar algo en su pequeño mundo de influencia, adquirir nuevos conocimientos...

El gerente general de una importante entidad financiera estaba preocupado porque sus empleados mostraban falta de compromiso y motivación. Al preguntarle por qué creía que debían estar más comprometidos, respondió con seguridad: "Porque tienen trabajo, y se les paga bien".

Llevó tiempo trabajar para que él se pusiera en el lugar de sus empleados y entendiera las necesidades de ellos. Así fue como se dio cuenta de que tenían poco estímulo para sentirse motivados y comprometidos con la empresa.

Trabajamos en la construcción de una visión a la que él le llamó "El sueño". Luego la compartimos con el equipo de gerentes, quienes formularon preguntas y agregaron ideas nuevas. Después, los gerentes la compartieron con el resto del personal e hicieron nuevamente la tarea de reflexionar y crear sobre dicha visión. Al final, imprimimos carteles con la visión creada por todos y los pegamos en oficinas y pasillos. Por último, el gerente general instó a una reunión con el personal para que se hiciera protagonista de la visión y siguiera aportando ideas. ¡El cambio fue asombroso! Volvió el compromiso grupal y la alegría de pertenecer.

✔ **Pregúntele al consultante:** *En entrevistas y reuniones ¿recuerda y enfatiza la visión o el propósito de su organización o de su área? ¿La menciona como foco inspirador cuando propone objetivos a lograr? ¿Hace que la conozcan y la valoren clientes, proveedores y empleados? ¿Usted y sus seguidores se sienten comprometidos con ella?*

Soluciones

La visión de una empresa debe ser sentida y razonada; también responder a una escala de valores comunes al grupo.

Hay muchas formas de crear y comunicar una visión.

Todos los integrantes de la organización deben saber hacia dónde van, el motivo que los convoca para estar en ese lugar y no en otro.

Es muy útil reunir a los empleados en pequeños grupos y pedir que imaginen la empresa de sus sueños: cómo sería, cómo hacerla diferente de otras, qué les gustaría que tuviera, qué inspiraría en ellos...

Luego, cada uno la escribe y lee en voz alta. Para finalizar, un facilitador debiera alinear los anhelos de cada participante en una visión de futuro conjunta.

Otra forma muy efectiva es armar la visión de cada área de una empresa. Más tarde, hacer una reunión entre todos los jefes de área y unificar las visiones propuestas desde las distintas miradas y lugares de la organización en una visión global de la compañía.

Ante cualquier problema que se produzca en la empresa, la visión actúa como faro en la tormenta. Un entrenador debe enseñar e insistir sobre el concepto de visión. También, tener actitudes positivas hacia los problemas que surgen para concretarla.

☞ **Si un líder transmite una visión inspiradora de su organización logrará multiplicarla exponencialmente en sus seguidores.**

CAPÍTULO 4

FUNDAMENTOS DEL MODELO
DE ENTRENAMIENTO INDIVIDUAL

Entrenar habilidades para la conducción es esencial para la permanencia de los líderes en las empresas y para el aumento constante de la productividad en sus equipos.

Nuestra metodología se vehiculiza en sesiones semanales en las que los consultantes pueden identificar problemas, revisar situaciones difíciles del día a día, aprender nuevas herramientas y efectuar ejercicios de todo tipo. Nuestro propósito como entrenadores es:

Contribuir al desarrollo integral del líder como agente
de transformación positiva.

Drivers fundamentales de los programas de entrenamiento

El modelo aborda la mejora de manera integral. Para ello, toma tres aspectos clave:

1. El líder en su función.
2. Su rol en la mejora de su equipo.
3. Su papel como precursor del cambio dentro de su empresa.

Para lograr la mejora en estos tres aspectos el entrenador lleva a cabo cuatro actividades dentro del proceso:

1. Desarrollar competencias del líder.
2. Brindar herramientas de gestión;

3. Estimular la reflexión sobre el propio liderazgo y el rendimiento de su equipo.
4. Enseñar técnicas y herramientas para mejorar los indicadores de gestión propios, de su equipo y de la empresa.

a) Desarrollar competencias

Para eso es necesario revisar:

1) Las competencias que propone la compañía.
2) Las competencias indicadas para el puesto.
3) Las habilidades necesarias para sus funciones.
4) Los conocimientos que el consultante posee y los que no posee.
5) Las actitudes que el equipo reclama mejorar, en caso de que sea necesario.

Cada competencia constituye una pieza imprescindible para liderar con eficiencia. Para desarrollarlas, se acompaña al líder para que realice verdaderos cambios en los hábitos ineficaces o en las formas poco efectivas de llevar la conducción.

b) Incorporar herramientas

Una parte importante del trabajo es enseñar al líder a diseñar o mejorar sus propias herramientas de trabajo: el armado de una planificación, un organigrama, la organización de reuniones, los pasos de una entrevista, diseño de fichas de seguimiento, manejo de agenda, uso de últimas tecnologías, reportes e informes, Gantt del área, presupuestos,, planes de mejora continua, etc. De esta manera, estará provisto de herramientas puntuales para uso personal y de su equipo cuando sea necesario.

El objetivo del entrenamiento es que los líderes adquieran herramientas concretas para la mejora de su empresa y las sientan como propias. Los primeros cambios que realizan en la empresa, traen resultados inmediatos, "visibles y compartidos". Ellos animan a seguir con entusiasmo y alegría los entrenamientos.

Una propuesta didáctica, dinámica e integradora respalda el aprendizaje de estas temáticas.

c) Reflexionar sobre sí mismo y el equipo

En el proceso de entrenamiento es importante que el líder reflexione sobre: su estilo de conducción, propósito laboral, forma de ver los problemas, modelos mentales restrictivos, temores, inhibiciones, prejuicios… En fin, todo lo que obstaculiza las mejoras en su rendimiento.

Estos análisis permiten que conozca y acepte mejor sus debilidades, y aprenda a valorar y explotar más sus fortalezas.

La idea de motivar a través de una filosofía que considere el liderazgo como vía de salvación de la especie humana hace que la persona sienta deseos de incursionar en el maravilloso camino de conducir a los demás.

En cada sesión el consultante tiene la posibilidad de alejarse de su realidad y colocarse en un lugar objetivo para analizar diferentes situaciones laborales. Debe sentirse libre para hablar de lo que le sucede, diagnosticarlo y proyectar las mejoras que sean necesarias.

d) Mejorar indicadores de gestión

El proceso de entrenamiento estará completo, y será satisfactorio para la empresa, si en la forma de gestionar se observan resultados visibles.

Las habilidades enseñadas, las herramientas diseñadas y el alto nivel de reflexión vivido durante el proceso están siempre orientados hacia la obtención de resultados. También el consultante debe dar valor a lo aprendido y transmitirlo a sus seguidores.

Los indicadores de gestión que se toman en cuenta para evaluar el entrenamiento y las herramientas que se diseñan son particulares de cada área. Por ejemplo, si se trata de un gerente comercial, probablemente se vean indicadores de venta, de eficacia en la cotización vs. venta, de incidencia de los costos de venta sobre el producto, de productividad de cada vendedor, de valor de ticket promedio, etc.

Dice Peter M. Senge en *La quinta disciplina*:[1]

> *La visión tradicional del liderazgo se basa en supuestos sobre la impotencia de la gente, su falta de visión personal y su ineptitud para dominar las fuerzas del cambio (...) La nueva visión del liderazgo en las organizaciones inteligentes se centra en tareas más sutiles e importantes (...) los líderes son diseñadores, mayordomos y maestros. Son responsables de construir organizaciones donde la gente expande continuamente su aptitud para comprender la complejidad, clarificar la visión y mejorar los modelos mentales compartidos, es decir, son responsables de aprender.*

---

1. Senge, P. M.: *La quinta disciplina*. Ediciones Granica, Buenos Aires, 1992.

CAPÍTULO 5

PASOS DEL MODELO
DE ENTRENAMIENTO INDIVIDUAL

Este modelo de entrenamiento ha resultado muy eficaz para centenares de líderes de muy diferentes procedencias idiomáticas, geográficas y culturales.

El proceso consta de cinco pasos clave:

Describiremos cada paso, a modo de guía para llevar adelante diferentes procesos de entrenamiento con jefes, gerentes y directores.

1°) Trabajo previo del entrenador

Antes de comenzar con el proceso, el profesional deberá tener a mano la *Ficha de derivación* con los datos precisos del consultante y los principales problemas que presenta.

Si es derivado por un superior, debe conocer perfectamente el objetivo que pretende lograr este último con respecto al entrenamiento.

Recomendamos suministrarle previamente algún test de habilidades para el liderazgo, como por ejemplo, el reconocido Test de autogestión Sauville. Este evalúa las competencias para el liderazgo y su grado de adaptación al cambio. También puede ser la Encuesta de evaluación de 360°. Ambas pruebas permiten identificar las competencias que el líder tiene desarrolladas y las que debe mejorar.

Al comenzar el entrenamiento, el profesional debe tener en consideración las causas más comunes por las que un líder está interesado en encarar un proceso de cambio. Ver en la primera parte de este libro: "Necesidad y urgencia de entrenar sistémicamente a los líderes".

Antes de la primera reunión de entrenamiento debe prepararse:

1. La agenda de sesiones.
2. Averiguar la situación actual de la empresa.
3. Contar con un archivo de herramientas.
4. Ver si se puede mantener una conversación de relevamiento con quien lo derivó.
5. Solicitar y revisar información relativa a su área: encuesta de clima, resultados anuales.
6. Solicitar y revisar información relativa a su desempeño: evaluación de desempeño, coaching o entrenamientos recibidos anteriormente.
7. Completar la Ficha de derivación.

Ejemplo de Ficha de derivación

Ficha de derivación			
Nombre y apellido			
Empresa		Área	
Puesto		Antigüedad	
Empleados a cargo		Estudios realizados	
Entrenamiento solicitado por		Fecha de la solicitud	
Causas del pedido			
Objetivos del entrenamiento			
Teléfono de contacto			
Información previa			

Todo consultante debe tener su ficha completa. Esto no solo ayuda a tener un archivo ordenado, sino que permite su revisación durante el proceso para recordar las causas de la derivación y los objetivos del entrenamiento.

2°) Sesión conjunta de diagnóstico

La sesión inicial de diagnóstico se realiza en uno o dos encuentros de 90 minutos cada uno. Depende de la complejidad de la situación del consultante. Su finalidad es conocer a la persona con la que se va a trabajar: sus intereses, modelos mentales restrictivos, prejuicios, miedos, necesidades, visiones, problemas. También la mirada que tiene de sí mismo, de su nivel de conducción, de su equipo de trabajo y de su organización.

Aconsejamos seguir los siguientes pasos.

a) Presentación del profesional, su formación y la metodología que se utilizará

Con todos estos datos el entrenador dará la bienvenida al consultante. Por ejemplo, en nuestro caso, los profesionales presentan la consultora, su recorrido en la formación de líderes y su trayectoria profesional. Luego, mencionará su *expertise* en la tarea de entrenar líderes. Esto resulta muy importante a la hora de comenzar el trabajo porque el consultante tomará conciencia del nivel de conocimiento y experiencia de la persona que lo acompañará durante el proceso.

El entrenador trabajará en forma conjunta con el consultante. En primer lugar, preguntará acerca de las expectativas que el consultante tiene sobre sí mismo en este proceso. Explicará la metodología que le propone: objetivos, pasos, exigencias. También acordará los tiempos que durarán el diagnóstico y el plan de mejora.

El profesional puede encontrarse con algunos problemas al recibir al consultante. Por ejemplo:

- Muchos líderes no saben para qué se contrató a un entrenador, lo que genera falta de valor en el trabajo y desconfianza.
- Por lo tanto, hay que hacer rápidamente la presentación personal y la de la organización. Marcar claramente el objetivo del trabajo, así como la metodología.
- Algunos tienen un mal concepto de lo que es el coaching o la psicología. Descreen o desconfían de estas disciplinas. Suelen confundir nuestro trabajo con esos encuadres que desvalorizan porque no les han traído buenos resultados.
- Por lo tanto, hay que explicitar muy bien que el entrenamiento gerencial es una metodología distinta, que tiene como objetivo favorecer nuevos aprendizajes de hábitos de manera proactiva. Ellos van a ser de gran utilidad en el trabajo y en la vida del consultante. Son procesos relativamente rápidos en los que se logran cambios interesantes. Se trata de aprender, desaprender o reaprender.
- Algunos consultantes también desconfían de una ayuda estrictamente psicoanalítica (interpretaciones, señalamientos,

búsqueda de causas en la historia personal). Por lo tanto, hay que reforzar continuamente la idea de que nuestra metodología es de enseñanza y aprendizaje. Se basa en la realización de un buen diagnóstico y un plan de mejora mediante ejercicios programados y evaluados en cada sesión. El programa se respalda con un buen plan de lecturas específicas para cada problema y cada persona. Asimismo, hay que asegurar la alta confidencialidad con respecto a los datos que aportará el consultante.

Sobre la metodología de trabajo que se llevará a cabo, deben dejarse claros algunos puntos acerca del encuadre visto anteriormente:

- Lugar de trabajo.
- Programa a implementar.
- Foco empresarial.
- Foco en el futuro.
- Integralidad del proceso.
- Normas de trabajo.
- Confidencialidad.
- Vínculo de confianza.
- Protagonismo del consultante.
- Relevamiento de resultados.
- Informe final.

b) Preguntas introductorias

Recomendamos que, en el diagnóstico, el entrenador haga preguntas similares a estas:

1. ¿Cómo fue su llegada al entrenamiento? ¿Lo decidió usted, se lo recomendaron o lo enviaron?
2. ¿Ha realizado alguna vez un entrenamiento así?
3. ¿Qué expectativas tiene del trabajo que va a realizar?
4. ¿Cuál ha sido su historia de trabajo?
5. ¿Cómo llegó a este puesto de liderazgo? (trayectoria).
6. ¿Cómo está compuesto su equipo de trabajo?

7. ¿Qué funciones estratégicas desarrollan en el área?
8. ¿Qué fortalezas propias le reconocen las personas de su entorno?
9. ¿Cuáles son los problemas personales que repite más?
10. ¿Cuáles son las dificultades que observa actualmente en su desempeño laboral y cuáles las que registró en su historia?
11. ¿Cómo está compuesta su familia?
12. ¿Qué idea tiene o recuerda de su posición en la familia antes de los 7 años? (por ejemplo, si es primero, segundo o tercer hijo, etc.)
13. ¿Ha tenido alguna experiencia trascendental que cambió su vida en algún sentido?

También se solicitará un trabajo de búsqueda personal del consultante dirigido al encuentro con sus propias fortalezas y dificultades. Para orientarlo, es muy eficaz contarle historias similares a las que lo trajeron a la consulta y su resolución positiva (*Storytelling*). Con el fin de realizar un rápido análisis de su situación familiar recomendamos utilizar el siguiente esquema.

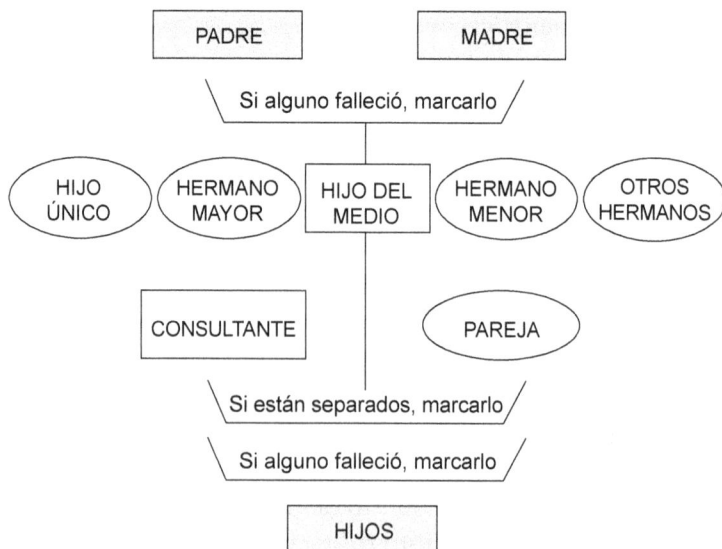

Para el rastreo de los datos, recomendamos leer la guía sobre diagnóstico en el libro *8 claves para el cambio creativo.*[1] En la misma obra, aconsejamos la lectura de los Capítulos 4 y 5 para ampliar conceptos sobre la tarea diagnóstica.

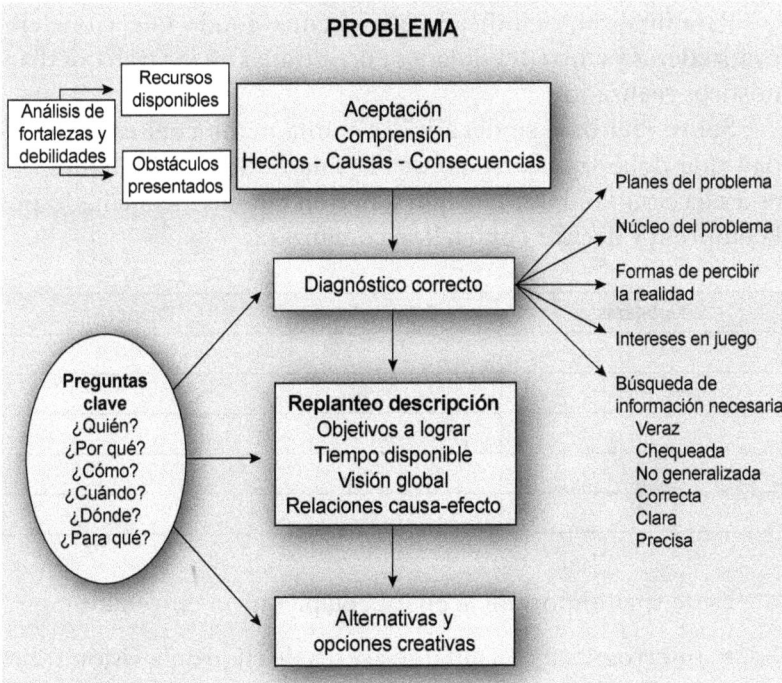

PROBLEMA

Análisis de fortalezas y debilidades

Recursos disponibles

Obstáculos presentados

Aceptación
Comprensión
Hechos - Causas - Consecuencias

Diagnóstico correcto

Planes del problema

Núcleo del problema

Formas de percibir la realidad

Intereses en juego

Preguntas clave
¿Quién?
¿Por qué?
¿Cómo?
¿Cuándo?
¿Dónde?
¿Para qué?

Replanteo descripción
Objetivos a lograr
Tiempo disponible
Visión global
Relaciones causa-efecto

Búsqueda de información necesaria
Veraz
Chequeada
No generalizada
Correcta
Clara
Precisa

Alternativas y opciones creativas

Con todas las herramientas de diagnóstico realizadas, podrá crear el análisis FODA personal.

c) Análisis del FODA personal

Se revisarán conjuntamente los resultados del test de liderazgo administrado y se confeccionará el FODA final de la persona, extrayendo las conclusiones correspondientes de sus fortalezas y debilidades. Si el entrenador lo cree necesario, puede sugerir al con-

---

1. Cañeque, Hilda: *8 claves para el cambio creativo*, Ediciones Granica, Buenos Aires, 2014.

sultante que pida esta misma opinión a personas ajenas al equipo y de otros ámbitos. Esto permitirá tener una visión más global e integral de la persona. Es un recurso muy útil, su uso depende del tiempo disponible para trabajar y la necesidad de certezas o profundización que tengan tanto el entrenador como el consultante.

Para finalizar, es indicado que el entrevistado seleccione cinco fortalezas y cinco debilidades encontradas en los trabajos diagnósticos realizados.

Sobre esta base se decidirá conjuntamente cuál es la prioridad que debe trabajarse con cada una de esas debilidades. En esta elección también hay que tener en cuenta lo solicitado por la empresa y decidir con cuál se comenzará.

Fortalezas	Debilidades	Prioridad

Es de vital importancia en esta etapa que el entrenador:

- Interrogue al consultante acerca de su propia visión sobre sus fortalezas y debilidades.
- Le explique en detalle y con hechos concretos por qué lo han evaluado así.
- Propicie el acuerdo sobre el diagnóstico final.

d) Ficha de diagnóstico

El profesional anotará la información en la Ficha de diagnóstico.

Lo importante es asentar fortalezas y debilidades del consultante, por qué se las considera así y cómo afectan a su estilo de liderazgo y al rendimiento de su equipo. También cuáles debilidades tiene que superar rápidamente.

Podrá encontrar un ejemplo de Ficha de diagnóstico y un listado de conocimientos, habilidades y actitudes en el Capítulo 7, "Recursos del entrenamiento", del libro de Martín Cañeque *Aprender a liderar*.[2]

e) Acciones iniciales

Durante el diagnóstico hay que acordar un plan mínimo de acciones que realizará el consultante durante la primera semana de entrenamiento. En forma más analítica y precisa se acordarán las que deberá realizar en las semanas siguientes. Se trata de tareas simples y sencillas que tienen como objetivo mostrar al consultante en el inicio del proceso algunas tareas que deberá realizar entre sesión y sesión. Esta práctica será lo que le permitirá, en definitiva, llevar a su trabajo lo aprendido.

f) Acuerdo sobre el primer compromiso de cambio

Antes de cerrar la primera sesión, es muy importante acordar con el consultante un compromiso formal de cambio. La mejora depende exclusivamente de la ejecución personal de acciones, ejercicios, lecturas y otras herramientas que se aportarán en el curso del entrenamiento. Es vital para el proceso que el consultante lo entienda y se comprometa.

El compromiso de cambio comienza con la aceptación formal y expresa de que hay ciertas habilidades o conductas que deben ser mejoradas. La persona debe hacer todos los esfuerzos posibles para cambiar.

En resumen:

- Es necesario que el consultante acepte que hay algo que debe mejorar o cambiar: una actitud, una habilidad o un conocimiento.
- Esa aceptación debe ser hecha en forma expresa y clara, para ser tomada como un "quiebre" en su desarrollo.

---

2. Cañeque, M.: *Aprender a liderar*, Temas, Buenos Aires, 2012, pág. 65.

Es importante destacar en esta instancia que el profesional solo guía el proceso, enseña habilidades y conocimientos. También proporciona herramientas. Pero el verdadero protagonista es siempre el consultante.

En la obra *El día que Nietzsche lloró* el terapeuta se dirige a su paciente exigiéndole más disciplina con el tratamiento y en un momento le dice: "El crecimiento es más importante que la comodidad". Es muy importante que el consultante tome conciencia de los esfuerzos que implica cualquier entrenamiento.[3]

3°) Diseño del plan de mejora

Generalmente esta sesión tiene una duración aproximada de 60 minutos. El entrenador y el consultante se ponen de acuerdo sobre los objetivos definitivos del proceso de entrenamiento y diseñan un plan de mejora que guiará las sesiones posteriores de trabajo.

a) Elección de objetivos

Entrenador y consultante, teniendo en cuenta la observación de quien deriva (jefe, gerente, etc.), más los resultados del diagnóstico y las posibilidades de mejora del consultante, fijan los objetivos de trabajo. Estos deben ser concretos, alcanzables, medibles y visibles.

De la obra *Cómo suprimir las limitaciones ¡y disfrutar de tu vida!*[4]

El trazarse objetivos puede ser algo sencillo, pero tan solo se trata de un primer paso. Cuando se perciben o enfrentan los obstáculos situados entre ustedes y sus objetivos, normalmente se van a topar con enormes dificultades. El llegar a identificar esos obstáculos es tan solo el principio del proceso (…) Comprender los obstáculos resulta insuficiente para hacer que los objetivos sean realmente factibles. También se necesita apren-

---

3. Yalom, I.: *El día que Nietzsche lloró*. Emecé, Buenos Aires, 2017, pág. 271.
4. Fadiman, J.: *Cómo suprimir las limitaciones ¡y disfrutar de tu vida!* Ediciones Obelisco, Barcelona, España, 1996.

der a superarlos. Entre las ilusiones y la realización de objetivos existe un gran paso que debe ser llevado a cabo, a través de una ingeniosa combinación de conocimientos y esfuerzos.

b) Diseño del plan de mejora

El plan de mejora será eficaz si contiene descripciones básicas como: competencias a desarrollar, ejercicios a trabajar, tiempos y resultados a lograr. Una vez terminado, será firmado por el consultante, quien se compromete a llevarlo a cabo de la mano de su entrenador.

Una vez elegidas las competencias a desarrollar, también se explicitarán otros recursos del entrenamiento: cursos, lecturas, ejercicios, visitas, clases, observaciones. Estos deben ser secuenciados día por día. Además, se establece el tiempo durante el cual se desarrollará el entrenamiento. En su control y seguimiento se consignan las fechas en que se verificarán los avances y resultados. La finalidad última es que el interesado mejore su nivel de conducción.

Encontrará un ejemplo de plan de mejora en el Capítulo 8, "Recursos para utilizar en los entrenamientos".

4°) Sesiones de trabajo

La duración e intensidad del entrenamiento serán directamente proporcionales al nivel y cantidad de competencias en las que se necesite trabajar. También hay que considerar la brecha existente entre el resultado actual del consultante en alguna competencia antes del entrenamiento y el que debería alcanzar una vez finalizado.

Dinámica de cada sesión

Cada sesión se divide en tres etapas que incluyen la evaluación periódica de avances y retrocesos según el plan de mejora ya pautado.

a) Primera etapa de la sesión - Duración aproximada: 15 minutos

Aquí el objetivo es enseñar al consultante una técnica para resolver problemas del día a día, y también analizar el resultado de las tareas dadas en la sesión anterior.

Se trata de dialogar sobre los problemas presentados durante la semana: novedades, resultados de cambios pautados, dudas sobre su liderazgo, emergencias. En esta instancia es importante que el consultante se acostumbre a ser conciso en la narración de los problemas y que no se desvíe del propósito educativo de esta etapa: aprender a resolver problemas. También que sepa ponderar el grado de importancia de los problemas. El entrenador solo debe ocuparse de los problemas clave.

Si los problemas que comenta son recurrentes, debe analizar y trabajar sobre lo siguiente:

- ¿Por qué vuelven a producirse? ¿Qué ha reflexionado sobre el tema? - Causas posibles.
- ¿Qué hace o deja de hacer para que el problema se repita? - Su protagonismo.
- ¿Qué puede hacer para que no se repita? - La mejora.

Cuando los problemas son recurrentes hay que revisar en qué sentido son funcionales al consultante. Por ejemplo, si un gerente resuelve mal repetidamente un problema y lo podría solucionar efectivamente, tal vez este "problema" le sirve para aumentar su autoestima y sentirse "necesario" para la organización. Esto es bastante frecuente.

Por lo general dichos procesos son inconscientes y deben trabajarse con mucho cuidado. Hay que darle al consultante el tiempo necesario para que lo descubra y acepte por sí mismo.

Para enseñar al consultante za resolver problemas, recomendamos leer el capítulo "Resolver problemas" del libro *Aprender a liderar*, de Martín Cañeque,[5] y los Capítulos 4 y 5 del libro *8 claves para el cambio creativo*, de Hilda Cañeque.[6]

---

5. *Op. cit.*
6. *Op. cit.*

Resolver problemas es una de las principales competencias que cualquier líder debe tener muy bien entrenada.

Luego se realizará la evaluación de cada tarea acordada en el encuentro anterior. En este punto es imprescindible tener disciplina, ya que las tareas que se pautan con el consultante para realizar en su lugar de trabajo constituyen la parte fundamental del proceso de entrenamiento. La práctica de lo aprendido es clave.

Si el consultante no ha realizado alguna tarea, hay que insistir sobre su relevancia. En este caso, es importante detectar: si no la hizo por una mala administración del tiempo, porque ha perdido la motivación sobre el proceso, porque no la entendió bien o porque no se animó a hacerla. Estas causas deben ser trabajadas con el entrenador. Si continúa sin efectuar las tareas, este debe evaluar la suspensión del proceso. Recordemos que esta es una metodología de mejora, en la que ambas partes deben estar sumamente comprometidas.

b) Segunda etapa de la sesión – Duración aproximada: 40 minutos

Aquí el objetivo es brindar herramientas y entrenar habilidades concretas para producir mejoras en la conducción.

Es importante incluir la enseñanza de herramientas referidas a las mejoras propuestas en el plan. También, practicar las habilidades que sean necesarias. El entrenador, para esto, debe contar con un programa de trabajo que enumere las herramientas y prácticas que llevarán a cabo en cada sesión.

Este tipo de entrenamiento está orientado a la mejora del líder y de su equipo de trabajo. Por lo tanto, las herramientas y habilidades deben ser pensadas de manera sistémica. El líder, su equipo y la organización son un sistema integral en el que el consultante actúa y puede mejorar.

Herramientas organizacionales clave a enseñar
- Propósito profesional.
- Misión del área o la empresa.
- Organigrama.
- Descripción del puesto.

- Manual de procesos.
- Listado de políticas.
- Herramientas puntuales del área del consultante (comerciales, financieras, recursos humanos, producción, logística, de sistemas, mantenimiento, seguridad e higiene, compras, etc.).
- Informes y reportes.

Herramientas profesionales clave a enseñar
- Plan de delegación.
- Plan de motivación para su equipo.
- Test de desperdiciadores de tiempo.
- Matriz de lo urgente y lo importante.
- Modelo de resolución de problemas.
- Modelo de comunicación interna.
- Modelo de reuniones efectivas.
- Modelo de agenda.

Desarrollo de habilidades
Por último, se deben realizar ejercicios sobre
- Liderazgo.
- Creatividad.
- Comunicación.
- Autoridad.
- Motivación.
- Oratoria.
- Negociación.
- Toma de decisiones.

Cómo elegir recursos para los entrenamientos

El entrenador debe tener en cuenta:
- La habilidad que se está trabajando en el momento actual del entrenamiento.
- La conveniencia de llevarla a cabo en determinada etapa del proceso.
- La capacidad y predisposición del consultante para practicar esa habilidad.

- El tiempo disponible del consultante para hacer el cambio previsto.

Recordamos que es tan importante proporcionar el entrenamiento más adecuado al consultante como hacer su seguimiento y control.

Si el entrenador no da seguimiento a los ejercicios planteados, el consultante dejará de hacerlos y volverá inconscientemente a su "estado de confort". Cambiar de hábitos requiere disciplina constante y un seguimiento prolijo de avances y retrocesos.

Si el entrenador da ejercicios que después no pide o rescata para ser evaluados, el consultante dejará de hacerlos o no les dará importancia.

✔ **Pregúntese:** *Cuando entreno a un consultante, ¿le propongo tareas entretenidas para hacer? ¿Frecuentemente elijo una forma lúdica de enseñar? ¿Hago seguimiento y control de lo solicitado? ¿Evalúo con él los resultados?*

c) Tercera etapa de la sesión – Duración aproximada: 5 minutos

Aquí, el objetivo es hacer una *síntesis* de los temas aprendidos y pautar las *tareas* para el próximo encuentro.

En este momento el entrenador tiene la oportunidad de detectar si algún contenido no se ha entendido bien, si el consultante está de acuerdo con las conclusiones obtenidas y si sigue comprometido con la tarea.

El entrenador debe controlar la lectura y la reflexión de los textos indicados para cada tema, así como el cumplimiento de las acciones pactadas. Todo esto será evaluado al final de cada encuentro y se valorarán las mejoras producidas en el comportamiento y rendimiento del consultante.

El trabajo para conseguir los resultados esperados es una tarea ardua. Las personas se agotan, frustran y desilusionan. Tienen a veces hasta la tentación de abandonar.

Es bueno recordar en este momento un texto anónimo de la sabiduría popular que se recuerda con el título de "El desaliento es la mejor herramienta del diablo":

Cierta vez, en el pueblo, se corrió la voz de que el diablo se retiraba de los negocios y vendía sus herramientas. En la noche de la venta, ellas estaban dispuestas en forma de que llamaran la atención: odio, celos, envidia, desilusión, frustración, malicia, engaño y otros implementos del mal. Aparte de este lote, había un viejo instrumento muy gastado, en forma de cuña, cuyo precio era el más alto de todos. Alguien le preguntó al diablo cómo se llamaba ese instrumento. "Desaliento", fue su respuesta. Entonces le preguntaron: ¿por qué su precio es tan alto? Porque, replicó el diablo, "ese instrumento me es más útil que cualquier otro: puedo entrar con él en la conciencia de un ser humano cuando todos los demás me fallan. Con el desaliento puedo hacer de esta persona lo que se me antoja. Precisamente está muy gastado porque lo uso con casi todo el mundo, y como muy pocas personas saben que me pertenece, lo puedo usar continuamente para lograr mis propósitos". El precio del "Desaliento" es tan alto que aún sigue siendo propiedad del diablo

Para mantener vigente la esperanza y la determinación de cambio, es muy importante el reconocimiento constante del entrenador hacia los rendimientos del consultante. Los actos genuinos de valoración hacia él elevan su estima y refuerzan el compromiso con la tarea.

El entrenador en esta fase debe:

- Proporcionar las oportunidades y un entorno adecuado para desarrollar las habilidades del consultante. También brindar los recursos necesarios.
- Crear un clima de apoyo y de contención.
- Motivar cada avance.
- Considerar el error solo como un hito para corregir y aprender.
- Orientar permanentemente sobre los nuevos conocimientos adquiridos.

5°) Cierre del proceso

Para cerrar el proceso es menester hacer un resumen de lo aprendido para ayudar al consultante a reflexionar sobre sus aprendizajes y valorarlos.

En este momento se le entrega una encuesta de satisfacción. También se escribe un informe final para presentar a la empresa que solicitó el entrenamiento.

Resumen de lo aprendido

El entrenador le pide al consultante que comente los aprendizajes obtenidos en el proceso y los cambios que ha logrado en su trabajo. Es importante tomar nota de todo esto para incluirlo en el informe final.

Cuando los procesos duran más de dos o tres meses es habitual que el consultante no registre con claridad todos los avances logrados. Esto es muy positivo porque indica que ya los ha convertido en nuevos hábitos y que los practica sin problemas. Si esto es así, el entrenador debe revisar sus notas e indicarle las herramientas y habilidades que le ha enseñado para que tome conciencia de sus progresos y los fije aún más.

Encuesta de satisfacción

En ella el consultante evaluará al entrenador y al entrenamiento recibido. Esto permitirá que el entrenador evalúe su propio rendimiento y detecte posibles mejoras. También servirá para comunicar de manera fehaciente a la empresa solicitante del servicio los resultados obtenidos desde el punto de vista del consultante. Hemos diseñado una evaluación muy completa que encontrará en el Capítulo 8.

Informe final

Debe detallar el diagnóstico realizado, el plan de mejora implementado y los resultados alcanzados para ser entregado al consultante. No hay que olvidar la confidencialidad comprometida con este.

Indicará recomendaciones para el desarrollo y mejora futura de las habilidades de liderazgo y trabajo en equipo. Tal vez ese informe sea parte de un próximo proceso.

Al cerrar el proceso de entrenamiento, es importante felicitar al consultante por sus logros, ponerse a disposición ante cualquier necesidad y motivarlo a que profundice los cambios que ha comenzado.

Al final, el profesional debe presentar a la empresa contratante tanto la encuesta como el informe final.

Recomendaciones

Para los entrenamientos se debe contar con un espacio físico adecuado, videocámara, sillas, espejo, pizarra, hojas en blanco, lápices, fibras de color, proyector. En fin, todo lo necesario para llevar a cabo los ejercicios y anotar lo que sea conveniente.

Sugerimos que al terminar cada sesión el entrenador registre todas las tareas encomendadas y la próxima temática que enseñará al consultante. Esto no solo es un buen ayudamemoria, sino que también contribuirá a mantener el hilo conductor de las sesiones.

Es muy importante tener en cuenta que, al igual que en las disciplinas deportivas, la intensidad y complejidad de los entrenamientos debe ser gradual. El objetivo es que el consultante no se canse, frustre o angustie demasiado. Hay que tener en cuenta que este proceso implica cambios de hábitos, de formas de trabajo y visiones, y de concepciones sobre la función del liderazgo.

Exigir demasiado en el proceso puede llevar a la desmotivación o renuncia del consultante. El entrenador debe verificar en cada sesión del proceso si el ritmo y las exigencias son los adecuados.

CAPÍTULO 6

MODELO DE FEEDBACK

Feedback es un término anglosajón de difícil traducción al castellano. Admitido en el argot empresarial, generalmente se traduce como "retroalimentación". Si se refiere a la capacidad de reforzar un comportamiento positivo que queremos que se repita en el tiempo, en este caso hablamos de feedback positivo o de apoyo. Si señalamos un comportamiento que la persona necesita modificar, hablamos de feedback negativo o correctivo.

Tanto en un caso como en el otro el objetivo es actuar sobre el desempeño de la persona (el "cómo" lo está haciendo) y, por lo tanto, en los resultados (el "qué" está obteniendo).

Feedback para el consultante

Esta es una habilidad que debe tener todo entrenador. Constituye una herramienta clave para lograr que el consultante tenga la suficiente apertura y flexibilidad para aceptar lo que debe mejorar. Si no es bien proporcionado por el entrenador, hace que el consultante se sienta amenazado, cuestionado o criticado. Puede hasta negarse al proceso de aprendizaje.

Según Iciar Piera Iglesias, coach miembro de la Asociación Española de Coaching, la correcta formulación requiere una reflexión previa sobre el feedback que se va a proporcionar. Exige buscar ejemplos claros de comportamientos similares al que se pretende lograr.

Es necesario ser específico y hablar de hechos medibles y objetivos, en lugar de interpretaciones y suposiciones. El entrenador debe tener bien claro lo que va a decir y lo que no.

Es importante dar el mensaje correcto, en el tiempo y lugar adecuados. También ofrecer al consultante la oportunidad de expresar sus opiniones, así como la de ser escuchado empáticamente.

El feedback debe ser:

- Específico y concreto.
- Positivo y constructivo.
- Expresado a tiempo: inmediato y puntual.
- Referido a los comportamientos sobre los que el consultante puede operar.
- Dirigido a las conductas observadas por el entrenador y no a las relatadas por terceros.
- Claro en cuanto a las consecuencias del accionar del consultante.
- Objetivo y no calificativo.
- Formulado poniéndose en el lugar de la otra persona.

El feedback se diferencia de la crítica negativa

El feedback le devuelve al consultante una mirada positiva y constructiva sobre cómo se conduce y lo que debe mejorar. En cambio, la crítica negativa remarca lo que está mal y deja al otro sin la posibilidad de revertir lo que hace, lo anula.

El feedback permite que el otro descubra por sí mismo lo que debe cambiar y alienta la posibilidad de mejora. La crítica negativa solo demuestra lo que está mal, sin interesarle por qué o cómo se ha llegado a eso, y mucho menos cómo se puede cambiar.

El feedback es una forma de crítica constructiva que se consensúa entre quien la hace y quien la recibe. Sirve para delinear acciones de mejora concretas.

Acercamos un pequeño tramo del libro *Comunicación no vio-*

lenta de Marshall B. Rosemberg[1], que amplía con precisión lo que estamos desarrollando:

> *Disfrutar cuando damos y recibimos con compasión forma parte de nuestra naturaleza. Sin embargo, está tan profundamente arraigada en nosotros una serie de formas de comunicación que aliena la vida, que esto nos lleva a hablar y a conducirnos de tal modo que herimos a los demás y nos herimos a nosotros mismos. Una forma de comunicación que aliena la vida consiste en emitir juicios moralistas que presuponen error o maldad en todo aquel que no actúa de acuerdo con nuestro sistema de valores. Otra forma de comunicación que aliena la vida consiste en el uso de comparaciones, que bloquean la compasión por los demás y por nosotros mismos (…) Otra de las características del lenguaje que bloquea la compasión consiste en la comunicación de nuestros deseos en forma de exigencias.*

Feedback	Crítica negativa excesiva
Describe una conducta	Juzga a la persona
Apoya al otro	Ordena lo que se debe hacer
Es positivo y constructivo	Es negativa y destructiva
Es específico y detallado	Es genérica
Es realista	Es exagerada
Es oportuno	Es extemporánea
Indica ejemplos de la conducta	Es vaga y subjetiva

Es importante reconocer que tenemos un potencial inmenso, un ramillete de dones sin desarrollar. Al mostrarnos inseguros, tanto de nuestros límites como de todo lo que podemos alcanzar, tendemos a desvalorizar nuestras posibilidades y a dejar escapar muchas de las oportunidades que se nos presentan. El feedback positivo estimula el desarrollo de ese potencial.

✔ **Pregúntese**: *¿Cómo proporciono feedback a mis seguidores? ¿Se muestran abiertos a recibirlo? ¿Lo valoran? ¿Provoca mejoras en ellos?*

---

1. Rosemberg, M. B.: *Comunicación no violenta*, Gran Aldea Editores, Buenos Aires, 2006.

La capacidad para facilitar feedback positivo es una de las funciones más importantes que debe desempeñar el entrenador. Quienes se destacan por sus logros, generalmente buscan feedback o formas de analizar sus éxitos. El consultante pierde motivación y entusiasmo si cree que el entrenador no se preocupa por su rendimiento o no lo valora. En cada sesión, este debe dar feedback al consultante sobre su evolución en el proceso. Sugerimos que:

1. Planifique el feedback que proporcionará en la reunión y los objetivos que persigue con él.
2. Seleccione algunos puntos a mejorar sobre los que trabajará. No abrume al interlocutor con todo lo que debe mejorar. Vaya gradualmente.
3. Haga la apertura del encuentro con un feedback asertivo.
4. Invite al interesado a expresar su punto de vista sobre el rendimiento logrado (fortalezas y debilidades) en un determinado tema.
5. Exprese su visión positiva, reconociendo aciertos y sus efectos.
6. Manifieste objetivamente las conductas o habilidades que el consultante podría mejorar, según el diagnóstico realizado. Muéstrele ejemplos.
7. Acuerden pequeñas acciones de mejora y comprométalo a realizarlas.
8. Efectúe un seguimiento periódico de las acciones de mejora.
9. Evalúe con él las mejoras producidas desde el diagnóstico.
10. Cierre el encuentro en forma asertiva. Pida feedback al consultante sobre la reunión. Agradézcaselo.

No solo el entrenador debe proporcionar feedback al consultante. Además, debe estimular para que se lo pida a su jefe inmediato, colaboradores y colegas. Esto le proporcionará una visión más global de sus habilidades y actitudes. Permitirá que tome más conciencia de sus fortalezas y debilidades. También que se focalice sobre las primeras, para tratar de mejorar las segundas. Este es el objetivo clave del entrenamiento.

Es vital, en este proceso, evitar que el consultante agregue emoción a lo que se está hablando. Ayúdelo a concentrarse sobre la conducta que debe mejorar, por qué debe hacerlo y cómo lo va a ayudar a lograrlo. Las emociones no dejan que la persona pueda ver las dificultades de manera objetiva.

Si, por ejemplo, el consultante tiene que aprender a relacionarse con los demás pero en lugar de concientizar objetivamente este problema y acceder a los ejercicios para resolverlo se culpa, se enoja o se angustia, el proceso no va a resultar. Hay que permitir que exprese la emoción y luego encaminar inmediatamente la sesión hacia el aprendizaje de la competencia que debe entrenar.

Un día llegó para entrenar un gerente que nunca hacía reuniones con su equipo de trabajo. Cuando consultamos por qué sucedía eso, contestó que le daba miedo por lo que pudieran decir cuando estaban todos juntos. Lo ayudamos a tomar conciencia de lo negativo de su proceder para el equipo, pero él se angustiaba con la sola idea de pensarlo. Hicimos varios role playing *dramatizando la relación con algunos de sus empleados. De a poco, fue perdiendo el miedo a los encuentros. Una vez que apartó sus temores, pudo entender realmente lo fructífero que sería hacer reuniones de equipo.*

En síntesis: las emociones no dejan pensar y muchas veces tampoco actuar. Hay que reconocerlas y "ponerles nombre y apellido". Luego, tratar de ayudar al consultante para que pueda saltarlas y así seguir el rumbo del aprendizaje. La enseñanza del contenido es lo principal.

CAPÍTULO 7

EJERCICIOS PARA EL CONSULTANTE

Compartiremos con el lector algunos de los ejercicios para efectuar "dentro" y "fuera" de la sesión de trabajo.

a) Entrenamientos para realizar "dentro" de la sesión de trabajo

1. Role playing: es una técnica dramática donde entrenador y consultante "protagonizan" una situación conflictiva como si fuera real. Luego se extraen conclusiones sobre lo sucedido. Básicamente se detectan errores y aciertos. Luego se evalúan los aprendizajes obtenidos y se indican las pistas para realizar nuevos *role playing*.

2. La silla vacía: el entrenador pide al consultante que le hable a una silla simulando que allí está sentada la persona con la que tiene problemas. Luego, por ejemplo, le pide que se siente en la silla y conteste como cree que contestaría la persona. Sirve para que el consultante pueda verse hablándole a la persona y así revisar sus "formas" de comunicación. Ayuda a ponerse en lugar del otro y prever distintas respuestas.

3. *Microteaching* correctivo: es una técnica que elige una situación que debe protagonizar el consultante. Este la dramatiza y se lo filma. Luego, el participante, al ver la filmación, puede tomar conciencia de sus reacciones, sus gestos y posturas, tanto conscientes como inconscientes, y así corregir las inadecuadas.

4. Lecturas aplicadas: es fundamental ayudar al consultante a fijar los conocimientos por medio de la lectura de casos, capítulos de libros sobre el tema en cuestión, cuentos y poesías. Con ellos el consultante puede reflexionar durante la sesión acerca de lo aprendido.

5. Análisis de cortometrajes o documentales: en primer lugar, se analizan situaciones de la película de una manera objetiva. Luego, se lleva comparativamente este análisis a formas de conducta del consultante para abordar situaciones similares. Luego se obtendrán conclusiones y aprendizajes interesantes.

6. Meditación: el entrenador enseña a meditar al consultante para que observe sus pensamientos y sentimientos. Esto le permite manejar mejor sus actitudes y respuestas. La meditación es una técnica muy utilizada por los líderes en el mundo entero. Ayuda a manejar mejor las situaciones críticas del día a día. Enseña a respirar, a "escanear" mentalmente el estado del propio cuerpo, a despejar la mente, a internalizar una idea, a conectar con alguna figura... Logra aumentar la atención sobre sí mismo y baja el estrés.

7. Técnica del espejo: el consultante tiene la posibilidad de "reconocerse" frente al espejo en diferentes actitudes. Luego, reflexiona acerca de quién es, cuánto vale y cuánto se quiere. Se aplica sobre todo en instancias diagnósticas o para ayudar a "revalorizarse".

8. Visualización creativa: el entrenador lleva al consultante a "visualizar", con los ojos cerrados y en estado de relajación, una situación que lo preocupa. Luego, puede inducirlo a que la visualice de una manera más positiva, disminuyendo así temores e incertidumbres. Por ejemplo, si el consultante tiene temor de decirle a su jefe que no quiere hacerse cargo de una tarea que no le gusta, puede visualizar en el ejercicio que se lo dice de una manera amable y objetiva y que el jefe responde positivamente. Este tipo de técnicas se utiliza para que el consultante aleje preconceptos y miedos. También para que vea otras posibles respuestas al mismo problema.

Ejemplos de los ejercicios anteriores

1. **Role playing**

Llegó para entrenar a un empresario de una pequeña pyme cuyo padre era rico, poderoso y de carácter fuerte. El dinero que recibía de él le había facilitado resolver los obstáculos durante toda su vida. Pero al mismo tiempo, su padre se mostraba distante. Hacía 10 años que el joven tenía una empresa gráfica, que obviamente le había comprado su padre. Pero a él no le gustaba el negocio. Tenía problemas respiratorios por lo encerrado del lugar. Desarrolló una alergia a la tinta. El ruido de las máquinas lo ponía nervioso. Llevaba todo ese tiempo aguantando. No daba más. Quería decirle a su padre desde hacía años que no quería trabajar más en ese rubro, pero no se animaba. Hicimos un primer juego de roles en el que el entrenador hacía de padre. Prácticamente él no pudo ni hablar. Se paralizaba o lloraba. Seguimos practicando en otras sesiones y de a poco comenzó a decir lo que sentía, a mostrarle al padre que no era feliz, a explicarle que no era un fracaso sino que necesitaba hacer un cambio.

Un día, él mismo llegó a la conclusión de que estaba listo y citó al padre en una confitería. Tanto había practicado que el tema le salió casi naturalmente. Para su asombro, el padre le dijo que hacía rato que esperaba que él tomara esa decisión.

La práctica dramatizada en forma repetida hace que el inconsciente actúe una y otra vez la escena, hasta vivirla con naturalidad, alejando temores y angustias.

2. La silla vacía

Durante casi un año ayudamos a un empresario a tomar la decisión de vender su empresa. Su mayor obstáculo era que su hermano menor y su primo trabajaban allí y siempre se habían ilusionado con ser sus "sucesores".

Pero él estaba cansado, había tenido algunos problemas de salud y quería dedicarle más tiempo a su familia.

No podía enfrentar la situación de contarles a su hermano y a su primo la decisión. En cada encuentro dedicábamos media hora para que le hablara a la silla simulando que era alguno de los parientes involucrados. Al principio, no podía ni hablar. Luego lloró. Finalmente, cuando se sentó y habló como lo harían ellos, se dio cuenta de que la venta sería algo que beneficiaría a todos. También de que el vínculo entre ellos no se perjudicaría.

Fue increíble ver cómo en cada práctica su discurso aparecía más claro. Encontraba en su interior las distintas respuestas probables que darían sus familiares.

3. Microteaching *correctivo*

Comenzamos el trabajo en una importante empresa de retail escuchando un discurso que daba el gerente general a su personal. Lo hacía una vez al mes y concurrían unos 600 o 700 empleados de la firma.

Para nuestra sorpresa, observamos que mientras hablaba de un nuevo proyecto, simultáneamente acomodaba sus genitales con la mano derecha.

Parecía que era algo hecho a propósito. Cuando lo interrogamos sobre esta conducta, no solo la negó sino que dudó de nuestra habilidad como entrenadores.

Continuamos trabajando en otros temas. Al mes siguiente lo filmamos en otra reunión multitudinaria, con el pretexto de que más tarde se viera y analizara posibles mejoras.

Nunca olvidaremos la cara del gerente cuando le mostramos el video. Su asombro crecía por segundos. Podía ver lo que hacía cuando hablaba a sus empleados y los gestos de su cara que acompañaban ese desagradable movimiento. También las caras del personal durante el proceso. Usamos esa técnica el resto del año. Así aprendió a mejorar sus gestos, sonreír más, moverse mejor en el escenario, aplicar una dosis de humor, favorecer la participación del público en sus reuniones y, por fin, anular ese desagradable gesto repetido.

4. Lecturas aplicadas

A un gerente de una poderosa empresa multinacional le gustaba leer lo que escribían los grandes autores de management. De ellos extraía enseñanzas, temas para reflexionar o para trabajar con su equipo. Por más que apreciaba nuestros encuentros, costaba que aplicara lo que le enseñábamos. Entonces optamos por darle en cada sesión un artículo interesante sobre lo que habíamos trabajado, pero de la autoría de los más grandes del management. Empezamos a observar cómo cada semana llevaba a la práctica lo visto en la sesión, motivado por el refuerzo que hacían esas lecturas en su seguridad personal. "Si Drucker lo dice…"

La lectura le ayudó a tener más seguridad para implementar los cambios que debía hacer, estaba respaldado por "los mejores". Le ayudó a ver cómo se llevaba a la práctica lo que conversábamos porque tenía un fuerte aval.

5. Análisis de cortometrajes o documentales

Hace un tiempo llegó a entrenarse la directora de una institución educativa muy importante. Su principal problema era que se "enamoraba" de los proyectos, de los profesores, de la currícula, de los autores. Esto le impedía ver objetivamente su realidad laboral. Los problemas que esos "enamoramientos" le traían, eran importantes y frecuentes.

Armamos un compilado de escenas de la película Conocerás al hombre de tus sueños, *de Woody Allen. Se la pasamos por tramos y luego en su totalidad.*

A través de escenas clave de esa película, ella pudo tomar conciencia de la fuerte influencia que tenían las fantasías en su forma de ver las cosas y, por ende, en la toma de decisiones. Se lo pasamos un par de veces más, hasta que pudo verse reflejada prácticamente en todos los personajes. La ayudó a tomar conciencia de su modelo rígido de pensar: "Lo que yo deseo es…". También aprendió a detectar cuándo este modelo la dirigía y a frenar sus impulsos emocionales para tomar una decisión. Pudo ver cómo era todo el proceso de "enamoramiento" en ella, en situa-

ciones reales del día a día laboral y en su vida privada. Las escenas del film habían sido esenciales para su reaprendizaje.

Las películas permiten al consultante ver en los otros, con claridad, lo que no puede ver en sí mismo. El ejercicio debe tener un objetivo claro: que examine escenas concretas. Luego, se debe hacer un buen resumen sobre descubrimientos y aprendizajes vividos durante la proyección.

6. Meditación

El caso de Daniel, un gerente que se quejaba permanentemente de que el tiempo no le alcanzaba y que eso lo llevaba a ser desordenado. No podía ponderar sus actividades.

Al principio no aceptaba la postura indicada para meditar. Le costaba concentrarse. Decía que eso era para los débiles y que era una pérdida de tiempo. Insistimos a tal punto que le regalamos un zafu (almohadón oriental para meditar) sobre el que debía sentarse para hacer los ejercicios. Poco a poco lo logró y fue aprendiendo a tener más paciencia, a tomarse el tiempo para responder, a estar más centrado, a distinguir lo urgente de lo importante y a no perder la calma ante una gran cantidad de tareas. Esto hizo que fuera cambiando radicalmente su estilo de gestión y su forma de administrar el tiempo. Hoy, cada vez que retomamos alguna sesión dice ni bien comenzamos: "¿Meditamos hoy?".

La meditación no solo constituye un sedante natural, es una forma de encontrar la paz mental, emocional y corporal para dirigir. Es una herramienta para tranquilizar la mente y el espíritu, y poder ver las situaciones de una manera distinta.

Cada vez que iniciamos un entrenamiento con un líder que siente que no llega a hacer todo lo que debe hacer o que no encuentra la paz necesaria para tomar buenas decisiones, le enseñamos algún ejercicio de meditación, respiración o visualización. Aprende rápido a relajarse, revisar, visualizar, aceptar y mejorar la visión que tiene de alguna situación que lo perturba.

7. Técnica del espejo

Fue muy interesante entrenar a la gerente de Producción de una empresa brasileña. Se desvalorizaba en su conducta laboral. El nivel de trabajo era excelente, pero su falta de reconocimiento y amor propio la destruían. Una exigencia alta la condenaba.

En una sesión le pedimos que tomara un espejo con sus manos, lo apuntara frente a ella y comenzara a decir lo que veía. Luego de un impasse de un par de minutos se largó a llorar desconsoladamente. Le preguntamos por qué lloraba, si reconocía su rostro, si se gustaba con esa tristeza. Poco a poco ella fue hablando con la imagen que reflejaba el espejo. Así pudo construir una "mirada distinta" sobre sí misma. Terminó por reconocerse como una persona bella, leal, inteligente y muy profesional en el trabajo.

Al finalizar el ejercicio, le pedimos que escribiera esta nueva definición de sí misma en tres carteles. Luego, que colocara uno de ellos en su tocador, otro al lado de su cama y otro en el escritorio de su oficina. Continuamos trabajando esta redefinición de sí misma durante dos meses con otros ejercicios y sus respectivas evaluaciones. Al cabo de un período de cinco sesiones, había cambiado su forma de peinarse, de vestir, de pararse y, lo más importante, la forma de vincularse con sus colegas, su jefe y en su trabajo.

8. Visualización creativa

Una jefa de RRHH no se animaba a pedir al director de la empresa que le diera el puesto de gerente de RRHH, que hacía más de un año se encontraba vacante. Bien sabía que se lo merecía. También que ella tenía las competencias para el puesto, pero no se animaba a pedirlo. Decía que su director era una persona cerrada y machista, que solo contrataba hombres en puestos gerenciales.

Hicimos una visualización en la que se imaginaba sentada frente al director y le explicaba las razones por las que se merecía ese puesto. Fue un interesante aprendizaje para valorar sus fortalezas y sus deseos. A la semana hicimos otra visualización en la que pudo detectar las objeciones que el director podría llegar a hacerle y cómo rebatirlas. Este proceso la hizo sentir más segura. Construyó un discurso firme y concreto para hablar con él. Al fin, lo hizo…

No solo le dieron el puesto, sino que además se dio cuenta de que el juicio de valor sobre su director estaba errado. La principal barrera estaba en ella y sus inseguridades.

Es clave para llevar adelante esta última técnica que la persona visualice el lugar donde se desarrolla la escena solicitada por el entrenador: objetos, colores, gestos de otra persona, las distancias. Que imagine que los toca, que huele los olores propios del ambiente, que siente la temperatura de ese momento… Cuantos más sentidos se involucren en la visualización, mejor será el resultado.

b) Entrenamientos para realizar "fuera" de la sesión de trabajo

1. Acompañamiento de formación: el entrenador le pide al consultante que acompañe a un colega en una situación donde este va a desplegar la competencia que él debe trabajar. También que tome nota sobre lo que aprende de ese colega para luego analizarlo con su entrenador.

2. Acompañamiento de apoyo: el entrenador acompaña, como observador no participante, al consultante para resolver una situación difícil. Le permite actuar libremente para poder luego perfeccionar y reconocer las acciones realizadas por el consultante. Por ejemplo, lo acompaña durante una reunión de equipo y luego le da feedback sobre cómo la condujo (errores y aciertos).

3. Acompañamiento en pareja: el entrenador le indica al consultante que trabaje junto a una persona que tenga muy buen nivel en determinada tarea durante un tiempo limitado. El consultante podrá sacar partido de la experiencia adquirida. A diferencia del entrenamiento anterior, en este el consultante está aprendiendo una tarea y no mejorando una habilidad.

4. Capacitación de los seguidores: el entrenador elige un tema de la *expertise* del consultante para que entrene a alguno de sus seguidores. Una vez realizado, el consultante presenta una síntesis al entrenador, y ambos evalúan sus habilidades para liderar. También sirve para motivar al consultante en la formación permanente de sus seguidores.

6. Material bibliográfico: el entrenador recomienda al consultante lecturas puntuales para ayudarlo en su desarrollo profesional y que por su extensión no pueden leerse en la sesión individual. Siempre es conveniente trabajar con una bibliografía mínima y una guía de lectura. Recomendamos la lectura de los libros: *Aprender a liderar* y *Aprender a construir equipos*, de Martín Cañeque, y *8 claves para el cambio creativo*, de Hilda Cañeque. Ambos, complementarios de esta obra.

7. Actividades para vacaciones o viajes: cualquiera podría pensar que las vacaciones o algún viaje de trabajo son momentos propicios para detener el entrenamiento. Todo lo contrario; suelen ser las mejores instancias para que el consultante trabaje aspectos de su liderazgo y reflexione acerca de su vínculo con el trabajo. Es muy adecuado facilitarle un listado de escenas, conductas y habilidades apropiadas donde se le aconseja que sea su propio observador.

Ejemplos de los ejercicios anteriores

1. Acompañamiento de formación

En Colombia entrenamos a un argentino que ocupaba el cargo de gerente de sucursal de una importante compañía. Tenía problemas para que lo entendieran quienes le reportaban directamente. Muy rápido constatamos en el diagnóstico que no era una cuestión de "idiomas" sino de "estilos". Entonces, le sugerimos que acompañara durante dos días a *un gerente colombiano en sus reuniones de equipo. Para su asombro, descubrió que para resolver el problema debía hablar más despacio, hacer una pausa entre cada tema, dar lugar a preguntas y casi siempre poner ejemplos de lo que pedía o enseñaba.*

Sin acompañar a un gerente colombiano en su trabajo no hubiera descubierto las diferencias y, menos aún, las soluciones.

2. Acompañamiento de apoyo

Acompañamos a un gerente a una negociación por una importación de mercadería. Era la primera vez que afrontaba esta situación en idioma inglés y le esperaban muchas otras similares. Trabajamos con él un esquema básico de negociación y lo acompañamos en el rol de observadores. Al finalizar la reunión, le dimos feedback sobre lo que observamos, resaltando las fortalezas de sus acciones y ayudándolo a tomar conciencia de sus debilidades. Luego, le indicamos pequeños ejercicios para practicar nuevas conductas que lo ayudarían a mejorar su estilo negociador.

3. Acompañamiento en pareja

Hace tiempo llegó el dueño de una empresa de organización de eventos. Tenía problemas para entrenar a los nuevos empleados. Le sugerimos que cuando contratara a un camarero sin experiencia, lo hiciera trabajar al lado de uno experimentado durante una semana hasta que lo considerara preparado. Lo acompañamos en el proceso remarcándole que no solo era importante que el empleado nuevo entendiera las tareas del puesto, sino que se adaptara a las formas particulares que ellos tenían de llevarlas a cabo. Que se alineara a las costumbres y a las comunicaciones del grupo. ¡Qué tan distinta sería la inducción de un nuevo gerente si trabajara una semana junto a otro más experimentado! Los chinos hacen que los nuevos gerentes trabajen en la línea de producción durante tres meses.

4. Capacitación de los seguidores

Nos tocó hacer un trabajo de reingeniería en una compañía inglesa que había sido vendida a un grupo argentino. El dueño anterior, que a la vez era su gerente, estaba desanimado y cansado. No quería dirigir con los nuevos dueños. Pensaba renunciar… A la vez, era muy importante que permaneciera en la empresa hasta transmitir su expertise *y la cultura empresarial.*

Para retenerlo se nos ocurrió que diera clases a los vendedores más jóvenes. Muchos de ellos habían ingresado recientemente.

*Al principio vio la idea con desconfianza. Pero a medida que lo ayu-
dábamos a preparar las clases, se fue motivando. Llegó a gustarle tanto
que terminó dando clases de ventas en la Cámara de Comercio, con los
proveedores y hasta con algunos clientes. Había rejuvenecido. La empresa ganó muchísimo prestigio y ahorró considerables esfuerzos. Enseñar a
otros es una tarea altamente terapéutica.*

5. Capacitación específica

*Un gerente de una pyme tenía dificultad para valorar y mostrar sus
logros. Habíamos trabajado los temas relacionados con su baja autoestima y consecuentes inseguridades. Hicimos varios* role playings *que
resultaron muy efectivos, pero faltaba algo: que practicara fuera de su
entorno. Por eso, le recomendamos un taller de marketing personal: cómo
"venderse". La idea fue un éxito, ya que el gerente tuvo la oportunidad
de transferir lo aprendido a un grupo de desconocidos. Esto fortaleció la
autoestima y la manera de posicionarse en la empresa. Le dio vuelo a
su talento; supo quién era y cuánto valía en diferentes ambientes y con
distintas personas.*

6. Material bibliográfico

*Entrenamos durante un par de años al gerente general de una empre-
sa de Estados Unidos. Esa función era nueva para él. Estaba aterrado,
sobre todo porque nunca había liderado. Un día llamó muy angustiado:
decía que él no sabía nada de esa industria y que había llegado al puesto
solo por ser el hijo del dueño. Quería abandonar la gestión.*

*En ese momento, le indicamos que leyera un libro clave para apren-
der a resolver obstáculos:* Reflexiones sobre la vida *de Joseph Campbell.*[1] *Lo hizo en un par de días. Leerlo le dio tanta seguridad que comenzamos a mandarle artículos seleccionados casi todas las semanas.
Al cabo de un tiempo, comenzó a enviarnos artículos interesantes. Desde
hace varios años, de vez en cuando, nos envía un texto que considera de
utilidad. Se acostumbró a confiar en lo que escriben los buenos autores,
le indican el rumbo a seguir.*

7. Actividades para las vacaciones o viajes

*El gerente general de una empresa familiar llamó para pedir que
lo ayudáramos a preparar la sucesión de su cargo. No quería seguir al*

---

1. Campbell, J.: *Reflexiones sobre la vida*, Emecé, Buenos Aires, 1995.

frente de la empresa. Los últimos 30 años habían sido muy duros como socio fundador. Sentía que había dejado muchas necesidades y deseos de lado. En las primeras sesiones detectamos que en realidad no era que estaba tan cansado, sino que desenvolvía tareas que ya no le agradaban. Una vez que pudimos delimitar cuáles eran, hicimos un listado. Luego, le dijimos que sería bueno que pensara en hacer un viaje en contacto con la naturaleza durante 10 días. El objetivo era que en ese tiempo pensara cómo y a quiénes delegaría las tareas. Recomendamos que trabajara el desapego o abandono de dichos trabajos. Alejarse de los escenarios conocidos abriría su percepción y le permitiría reflexionar más globalmente. Sus vacaciones eran una oportunidad valiosa para que reformulara su papel dentro de la empresa y su vínculo con ella. Volvió con energías renovadas. Delegó las tareas que le disgustaban en una semana y recobró la motivación. ¡Aún hoy sigue liderando la empresa con entusiasmo! A veces nos recuerda cómo adoptó la costumbre de salir del escenario que lo perturba, buscar la naturaleza y reflexionar sobre lo que tiene que cambiar.

CAPÍTULO 8

RECURSOS PARA UTILIZAR
EN LOS ENTRENAMIENTOS

Consideramos que las enumeradas a continuación son algunas de las herramientas indicadas para llevar adelante el entrenamiento gerencial. Las usamos desde hace muchos años en pequeñas, medianas y grandes organizaciones con muy buenos resultados. Ayudan a los entrenadores a guiar y dirigir el proceso de aprendizaje en forma ordenada, profunda y efectiva.

Pueden ser utilizadas según el criterio del entrenador para diagnósticos, planes de mejora o sesiones de trabajo.

1) Matriz de identificación de causas de bajo rendimiento

El bajo rendimiento del consultante se encontrará encuadrado en alguna de estas cuatro posibles causas:

- **No Puede** hacer mejor la tarea - porque no tiene los recursos necesarios, le falta tiempo, no cuenta con la información adecuada, etc.
- **No Quiere** hacer la tarea - porque cree que le pagan poco, que no es una tarea que le corresponda, porque no la considera importante o necesaria, etc.
- **No Sabe** hacer la tarea - porque no está capacitado, porque recién se incorpora al equipo y no entiende lo que debe hacer, etc.
- **No Debe** hacer la tarea - porque va en contra de sus valores, porque considera que no le pagan para eso, porque perjudicaría a otro empleado, etc.

Analizaremos algunas razones por la que el consultante presenta estas dificultades.

"No puede"	"No quiere"	"No sabe"	"No debe"
• Falta de claridad en las instrucciones del jefe.	• Las metas, la visión o el jefe son poco motivadores.	• Le falta una buena capacitación específica.	• La tarea va en contra de sus valores y principios.
• Le falta tiempo u oportunidades para practicar.	• En su área se castiga o ignora el buen desempeño.	• No hay claridad en los lineamientos de trabajo.	• La tarea se ve como incoherente o contrapuesta a otras.
• Trabaja con procedimientos muy complejos para él.	• El jefe lo desmotiva o es negativo.	• Falta de información clave para la tarea.	• Cree que le corresponde a otra persona o área.
• Falta de capacidad para realizar la tarea.	• El trabajo que se le asignó no cumple con sus expectativas.	• Tiene una comunicación deficiente con su jefe.	• Lo que le piden cree que es ilegal o puede atentar contra su trabajo.
• Falta de recursos (PC, internet, dinero, tiempos, etc.).	• El clima de trabajo que se vive es malo y está desmotivado.	• La tarea no fue bien delegada por su jefe.	• La tarea no está encuadrada en la descripción de su puesto.

2) Detección de limitaciones del consultante

Según James Fadiman, en su obra *Cómo suprimir las limitaciones ¡y disfrutar de tu vida!*,[1] hay dos tipos de limitaciones. Ellas impiden un desarrollo efectivo. En el caso del líder, es vital conocerlas para poder eliminarlas o modificarlas.

a) Inhibiciones

Son sutiles limitaciones autoimpuestas a nuestros sentimientos, intenciones, pensamientos y acciones.

Impiden hacer determinadas tareas. Frente a un cambio incluso pueden inhibir para dar el primer paso. Ponen el rótulo de

---

1. Fadiman, J.: *Cómo suprimir las limitaciones ¡y disfrutar de tu vida!* Ediciones Obelisco, Barcelona, 1996.

"prohibido el paso" frente a las puertas que debemos atravesar. La raíz de toda inhibición está en los miedos.

Ejemplos: "no puedo...", "no tengo aptitudes para...", "no soy capaz de...", "no tengo ninguna habilidad para...", "nunca he sido bueno para...", "no sirvo para...", "sé que nunca lograré...".

b) Obligaciones

Son como letreros que dicen: "Debes entrar". Las obligaciones nos presionan para hacer determinadas tareas y no dejan apreciar otras alternativas. Son como leyes que rigen nuestro comportamiento.

Los ejemplos más comunes son: "tengo que ser un buen empleado", "debo agradarles a los demás para que me quieran", "debo tener un trabajo importante", "debo llevarme bien con mi jefe", "es mi responsabilidad...", "no me queda otra alternativa que...".

Recomendamos proyectar al consultante un tramo de alguna película donde se aprecien las limitaciones autoimpuestas de un personaje. Al descubrirlas en él las identificará y podrá buscar similares en su propia conducta, así como apreciar las consecuencias que producen.

Una vez descubiertas tres o cuatro limitaciones que están presentes en el ejercicio del liderazgo, es vital ayudarlo a delinear acciones y ejercicios para trabajarlas y resolverlas. Logrado este objetivo, el consultante se volverá mucho más efectivo en su rol de conducción.

Si el reconocimiento de alguna de ellas hace que el consultante se sienta incómodo, probablemente sea porque se está enfrentando a una barrera negativa que le cuesta aceptar. Se lo debe contener emocionalmente y ayudarlo a aceptar con objetividad.

3) Sombras del consultante

Una de las ideas más interesantes de Carl Gustav Jung fue el concepto de "sombra". Definió este arquetipo como el conjunto de los aspectos ocultos o inconscientes del individuo, tanto positivos como negativos. Este los ha reprimido o nunca los ha reconocido. Pueden ser tanto individuales como colectivos.

Cuando queremos ver nuestra propia sombra nos damos cuenta, muchas veces con vergüenza, de cualidades e impulsos que negamos. Algunas veces podemos verlos claramente reflejados en otras personas.

En su mayor parte, la sombra se compone de deseos reprimidos e impulsos incivilizados que hemos excluido de nuestra autoimagen; es decir, de cómo nos vemos a nosotros mismos. Estas motivaciones son percibidas como moralmente inferiores para el "ideal" de lo que creemos ser. También depositamos en la sombra fantasías y resentimientos.

La sombra abarca todas aquellas características de las cuales uno no se siente orgulloso. Estas características no reconocidas, a menudo se perciben en los demás a través del mecanismo de proyección: se observan las propias tendencias inconscientes en otras personas.

La persona proyecta en el mundo exterior manifestaciones que salen de su propia sombra. Tal vez porque tenga miedo de encontrar en sí mismo la verdadera fuente de toda desgracia.

Aquello que el ser humano rechaza, pasa a su sombra. Es la suma de lo que él no quiere.

Debe ocuparse en forma especial de estos aspectos, pues, al rechazarlo en su interior, cada vez que lo encuentre en el mundo exterior desencadenará en él una reacción de repudio.

Enfrentarse a la sombra es trabajar e integrar ambos lados: aquellas cualidades y actividades que no enorgullecen y nuevas posibilidades desconocidas hasta el momento.

Elisabeth Kübler-Ross y David Kessler, en *Lecciones para la vida,* dicen: "Una de las mayores paradojas a la que nos enfrentamos en la vida es la de nuestra parte oscura. A menudo intentamos deshacernos de ella, pero la creencia de que la podemos hacer desaparecer es poco realista e inverosímil. Tenemos que encontrar el equilibrio entre nuestras fuerzas opuestas. Conseguirlo no es fácil, pero forma parte de la vida".[2]

---

2. Kübler-Ross, E. y Kessler, D.: *Lecciones de vida,* Vergara Editor, Barcelona, 2000.

Le recomendamos que anote en una pizarra la mayor cantidad de características de personalidad negativas. Por ejemplo, mentiroso, traidor, malhumorado, aburrido, temeroso, injusto, crítico, agresivo...

Pídale al consultante que las observe y elija la que más le molesta.

Luego explíquele bien el concepto de sombras y ayúdelo a tomar consciencia de las situaciones, no reconocidas por él, en las que actúa de esa manera que tanto rechaza.

Es importante ayudar al consultante a tomar conciencia de sus sombras, para que las trabaje y así deje de criticarlas destructivamente en los demás.

☞ **Cuando reconocemos nuestras sombras, nos volvemos más accesibles, naturales y humanos. Nos integramos al grupo y dejamos que fluya una relación más espontánea.**

Ejercicio: encuentro con las propias sombras. Personificación

Se presenta a los participantes, para su lectura, una lista de características de personalidad (3 minutos).

• Vago	• Egoísta	• Traidor
• Cómodo	• Caótico	• Agresivo
• Mentiroso	• Negativo	• Indiferente
• Injusto	• Disperso	• Conformista
• Irresponsable	• Desinteresado	• Soberbio
• Improvisado	• Controlador	• Superficial
• Rutinario	• Incoherente	• Ineficiente

Luego, se le da una etiqueta autoadhesiva a cada participante. En ella deben anotar la característica que más les molesta (2 minutos).

Después, cada uno tiene que pegar la etiqueta en el cuerpo de alguien del grupo para personificar esa personalidad. Interactuar con los otros participantes desde ese perfil (15 minutos).

Al terminar la personificación, el participante debe elegir de entre las personas con las que interactuó las tres que más le molestaron. Anotar sus características en una hoja (2 minutos).

Reflexión para el participante

- ¿Cuáles fueron las características de las otras personas del grupo que más lo perturbaron?
- ¿Que descubrió de sí mismo?
- ¿Recuerda, en la conducción, alguna situación difícil que pueda asociar con lo que descubrió?

4) Miedos del consultante

El miedo es un estado de ánimo que lleva a la persona a escapar de lo que considera arriesgado, peligroso o dañino.

> ☞ **Es una presunción, una sospecha o un recelo de daño futuro.**

Se trata de una emoción angustiosa causada por un riesgo imaginario o real. Sensación desagradable que surge por una aversión natural a las amenazas.

El miedo forma parte del esquema adaptativo de los seres humanos y de los animales. Representa un mecanismo de supervivencia y de defensa. Gracias a él, un individuo responde con rapidez ante una situación adversa. Son miedos de valoración positiva.

Si esta emoción no es registrada y controlada adecuadamente, la persona tiende a sobrevalorar las dificultades o amenazas, sin valorar sus propias capacidades. Con esta forma de reaccionar, las conductas de esa persona estarán sesgadas y disociadas de la realidad. Habrá más posibilidades de que sus errores se repitan y sus rendimientos sean limitados o nulos. Son miedos de valoración negativa.

Pídale al consultante que anote en papeles de colores sus miedos más frecuentes para conducir. Luego, sugiérale que los coloque en su dormitorio o en el baño para recordar por un tiempo cuáles son los enemigos más poderosos que debe enfrentar cuando toma una decisión o efectúa algún cambio en su equipo.

Tips para que el consultante aprenda a enfrentar miedos negativos

Los modelos mentales rígidos son los aliados de los miedos. Detectarlos y reflexionar sobre ellos ayuda a instalar hábitos más proactivos. Los siguientes *tips* ayudarán a reconocer los miedos para conducir y los modelos mentales rígidos que los sustentan.

1) Diferencie racionalmente los miedos. No confunda los miedos positivos con los negativos. Los positivos advierten de peligros y amenazas; preparan para enfrentar una situación determinada. Por el contrario, los negativos disuaden de la lucha, debilitan, desaniman y paralizan.

2) No otorgue al miedo negativo un lugar en su cuerpo ni en su alma. Tenga en cuenta que estos miedos "hacen trampas". Cuidado con identificarse con ellos y darles un espacio importante en su vida. Condenan al silencio, al ocultismo, a la crítica desmedida, e inhabilitan para pedir ayuda. Tiene que tener el mismo respeto por sus miedos negativos que por sus dolencias físicas. Son de valor parecido y producen daños similares.

3) No se asocie con miedos negativos. Además de esconderlos, puede alimentarlos; ser colaboracionista sin darse cuenta. El miedo negativo es invasor y tiende a hundir o anular a quien lo padece. Puede apoderarse de su conciencia y alterar sus relaciones. Conviene que lo aísle de su pensamiento; no intente justificarlo. No puede decir: "Hoy no voy a esa reunión del equipo porque no es conveniente", cuando reflexionando debería reconocer: "No voy porque me da miedo la gente joven que se incorporó al equipo". No puede decir: "No vale la pena que reclame mejor paga para mi trabajo", cuando en el fondo es que no sabe cómo hacerlo o no se atreve a pedirlo.

4) Adopte una posición activa. Una vez que vuelva conscientes sus miedos enemigos y les ponga nombre y apellido

debe declararles la guerra. Tiene que reconocer que ellos han invadido su intimidad, afróntelos activamente. Para eso pruebe varias opciones de conducta. Empiece por alguna, analizando sus riesgos y beneficios.

5) Fortalezca su cuerpo. Las soluciones más efectivas para luchar contra los miedos enemigos son: detectar los peligros imaginarios y aumentar el reconocimiento de fortalezas propias. En primer lugar, debe preparar su organismo para pelear contra ellos. Si bien el miedo emerge de la biología, también tiene otras causas. Está demostrado que el ejercicio físico es un antídoto contra los miedos enemigos. Entre otras virtudes, aumenta la tolerancia al esfuerzo y mitiga posibles bloqueos. Las personas con tendencia a miedos persecutorios específicamente, suelen eludir el ejercicio físico.

6) Sea su propio entrenador. Los entrenadores saben muy bien que el atleta debe animarse a sí mismo antes de realizar un ejercicio o hacer un esfuerzo. Una actitud negativa puede limitar la eficacia del entrenamiento. Es importante que piense en los resultados que va a obtener si puede vencer los miedos. Una actitud displicente o comentarios desvalorizadores en su lucha contra los miedos limitan sus rendimientos.

7) Debilite a su enemigo. Flexibilice sus modelos de pensamiento rígidos. Estos son los que generan los miedos enemigos. Descubra esos modelos y observe cómo intervienen en sus acciones cotidianas. Reconozca cuándo, dónde y con quién se paraliza o pierde valor para enfrentar obstáculos. Desarrolle su sentido del humor o invente metáforas que le ayuden a tomar conciencia para desactivar esos modelos. Aproveche todo lo que sabe para neutralizarlos y que no lo dominen. Tiene que convencerse de que no son tan importantes como cree. Enfréntelos de a poco y desaparecerán de su escenario. Busque la mejor información sobre obstáculos y problemas que se le presenten.

8) Busque aliados confiables. Es difícil combatir el miedo en soledad. Si este es negativo y antiguo, es casi imposible. Busque consejo y ayuda en personas inteligentes, humildes y que hayan sufrido. También en quien pueda

darle ánimo cuando esté desalentado. Las redes de apoyo afectivo son la mejor solución para anular la acción de muchos miedos negativos.

Proponga al consultante que trabaje sobre los *tips* que necesita reforzar. Organice con él una secuencia de ejercicios para promover los cambios de hábito que consideren necesarios.

En la obra *Lecciones de vida,* los autores dicen: "Si vivimos con miedo, en realidad no vivimos. Todos los pensamientos que tenemos refuerzan nuestro miedo o aumentan nuestro amor. El amor da lugar a más amor. El miedo da lugar a más miedo, sobre todo si lo ocultamos. Si actuamos con miedo creamos más miedo. La verdadera libertad consiste en hacer las cosas que más nos asustan. Si nos arriesgamos, no perderemos la vida, sino que la encontraremos… Vivir una vida segura sin enfrentarnos a nuestros miedos… es la cosa más peligrosa que podemos hacer".[3]

5) Nivel de autoestima del consultante

La autoestima es la imagen que uno tiene de sí mismo. Integra el sentimiento de competencia y valía personal. También la percepción de las propias debilidades y fortalezas. Es la piedra angular sobre la que se construye la personalidad. El concepto de nosotros mismos es aprendido de nuestro entorno mediante la valoración que hacemos del comportamiento propio y la interiorización de la opinión de los demás sobre nuestra persona.

La importancia de la autoestima radica en que impulsa a actuar, tanto de forma negativa como positiva. Si es de tendencia positiva, lleva a seguir adelante y motiva para perseguir objetivos. Si es negativa, alerta de peligros y riesgos.

Está compuesta por el amor a uno mismo, la visión de uno mismo y la confianza en uno mismo.

Puede trabajar con el consultante siguiendo cada uno de los cuadrantes. Ayúdelo a identificar el estado de su autoestima y cuáles son los cuadrantes que debe trabajar para mejorarla.

---

3. Kübler-Ross, E. y Kessler, D.: *op. cit.,* pág. 156.

	Amor por sí mismo	Visión de sí mismo	Confianza en sí mismo
Orígenes	Calidad y coherencia de los "alimentos afectivos" recibidos por el niño.	Expectativas, proyectos y proyecciones de los padres sobre el hijo.	Aprendizaje de las reglas de la acción (atreverse, perseverar, aceptar los fracasos).
Beneficios	Estabilidad afectiva, relaciones con los demás, resistencia a la crítica o al rechazo.	Ambiciones y proyectos que se intenta realizar, resistencia a obstáculos y contratiempos.	Acción cotidiana fácil y rápida, resistencia a los fracasos.
Consecuencias en caso de carencia	Dudas sobre la capacidad para ser apreciado por los demás, convicción de no estar a la altura, mediocre imagen de sí, incluso en el caso de éxito material.	Falta de audacia en las opciones existenciales, conformismo, dependencia de las opciones de otro, poca perseverancia en las opciones personales	Inhibiciones, vacilaciones, abandonos, falta de perseverancia.

Es necesario conocer cómo funcionamos; es decir, cuáles son nuestras fortalezas y limitaciones. A partir de esta valoración decidiremos qué aspectos deseamos mejorar y cuáles reforzaremos. El deseo de cambiar determinadas características debe ser realista y alcanzable en el tiempo. Por ejemplo, la edad física es inamovible…

Es decir, hay características propias que tendremos que aceptar y convivir con ellas.

La eficacia personal para dirigir es directamente proporcional al concepto que el líder tiene de sí mismo.

6) Conductas negativas para detectar en el consultante

Es importante que el entrenador conozca cuatro excesos en el uso de ciertas actitudes que dificultan o inhiben los cambios. Son patrones de pensamiento que están en todas las culturas. Han demostrado su efecto paralizador a través de los tiempos. Impiden el desarrollo del potencial.

Personas y organizaciones suelen practicar frecuentemente: el perfeccionismo, la crítica no constructiva, la exigencia desmedida de claridad o la expresión de sentimientos negativos o positivos de alta intensidad.

Estos excesos inhiben la valentía necesaria para avanzar en el proceso de cambio. Taponan deseos y necesidades. No dejan ver las metas. Anulan el impulso de volver a empezar. Castigan o sancionan con crueldad los errores cometidos en nuevas experiencias. No permiten que los "sueños" guíen hacia las ideas nuevas.

Aquel que está bajo el efecto del exceso de perfeccionismo, nunca termina el libro que comenzó. El que tiene exceso de crítica generalmente no acepta las ideas novedosas de los otros. El que exige excesiva claridad no puede cerrar en tiempo y forma un negocio ventajoso. La intensidad lleva al optimista exagerado de no ver riesgos o peligros al avanzar hacia una meta; en cambio, al pesimista, a paralizarse anulando su deseo de lograr una situación muy deseada.

Estos excesos actúan como verdaderas barreras que entorpecen o lentifican el camino creativo de cualquier persona u organización. Generalmente provienen de experiencias infantiles, cuando los adultos cercanos instalan valoraciones, creencias o mandatos que las neuronas de los niños graban a fuego.

En un momento de nuestra historia de trabajo, en una empresa multinacional se inundó el sector donde estaban las oficinas. Rápidamente trabajamos en una planificación de emergencia cuyos objetivos eran resolver la ubicación de 120 personas, recuperar datos de facturación y envíos de mercadería, estimular al personal y exigirle diferentes tareas de las que estaban acostumbrados a hacer, enviar comunicaciones claras y precisas a las franquicias y negocios de la compañía... Necesitábamos mucho trabajo y gran rapidez. Quien conducía el equipo no respondía adecuadamente a nuestros requerimientos. Después de mucho trabajar con él para ver por qué no podía activar su resiliencia frente a lo sucedido, un día contó que su maestra de primer grado lo había marcado diciéndole en una oportunidad "sos el más burro de todos". En esos días había tenido un sueño donde recordó esta escena y conectó con lo que sucedía en el trabajo: "un burro" no se sentía con fuerzas para exigir y dar órdenes a velocidad. Sus excesos de perfeccionismo y crítica lo paralizaban.

Dice Arthur Schopenhauer en *Los dos problemas fundamentales de la ética*: "Aun cuando no exista un motivo preciso, soy presa permanente de una inquietud violenta que me hace ver y sospechar peligros donde no existen, pues magnifica el menor contratiempo y dificulta al extremo las relaciones con la gente (...)".[4]

Muchas veces se observan los excesos de perfeccionismo o de crítica en personas que son primeros hijos en la constelación familiar. En su infancia han instalado patrones como: "serás premiado si cuidas muy bien a tu hermanito", "debes ser el mejor porque eres el más grande, tu hermano puede equivocarse porque es más chico, pero tú no". Estas apreciaciones y otras similares quedan grabadas en forma rígida, y cuando la persona es adulta las usa para ordenar experiencias, como lo hizo cuando tenía solo seis o siete años de vida.

El exceso de intensidad negativa se relaciona muchas veces con indicaciones exageradas de los padres frente a los peligros de la infancia. Lo que no puedes ver, lo que no puedes tocar, lo que no puedes preguntar, lo que no puedes tener, lo que no puedes ser, lo que no puedes pedir, lo que no puedes desear… tal vez hayan quedado grabados en forma fija como verdaderos ordenadores de las nuevas acciones.

El exceso de intensidad positiva muchas veces puede provenir de figuras parentales que en la infancia enseñaron formas de pensar y sentir que apuntan a complacer al otro o a negar la realidad.

Las personas que se dejan llevar por estos cuatro excesos, tienden a juzgar a los que desafían la estabilidad, el orden, la continuidad; es decir, a los que están un paso más adelante en la experiencia, la información o las ideas. Es común escuchar estas frases: "no es la manera que yo tengo de resolver las cosas", "ya probamos esta idea y fue un desastre", "los otros van primero porque están acomodados"… Criticar prematuramente hace perder la conexión con ideas que pueden ser valiosas.

Los excesos llevan a la formulación de ideas fijas que limitan la percepción y el entendimiento de los problemas.

---

4. Schopenauer, A.: *Los dos problemas fundamentales de la ética*, Editorial Siglo XXI, España, 2010.

Es bueno recordar lo que dice Joseph Campbell en su obra *Reflexiones sobre la vida*:[5] "Si quieres avanzar, debes librarte de todas las ideas fijas".

Por medio de preguntas, el entrenador debe detectar la presencia de estos excesos en el diagnóstico que hará del consultante. Luego de detectarlos, intentará flexibilizarlos por medio de un plan de mejora.

Exceso de crítica. El juicio desfavorable está promovido por una visión parcial, generada por diferentes miedos. Nunca se está conforme con lo que uno es. Exagera lo negativo. No confía en la intuición, ni en sus propias fortalezas.
* Pierde la posibilidad de avanzar frente al error.
* Fortalece los miedos y las proyecciones negativas.
* Parte de un supuesto básico de excesivo pesimismo.
* No promueve la "evaluación diferida" de los hechos.

Exceso de perfeccionismo. Lo preciso, lo acabado, lo que está bien, lo perfecto son las metas. La tarea diaria es mantener la imagen que queremos dar a los demás. Todo en orden. Expectativas muy duras sobre sí mismo.
* No permite cometer ni reconocer errores.
* Frena el deseo de aventura y descubrimiento.
* No opera con compasión.
* Provoca impaciencia.
* Hay un temor profundamente arraigado: la propia falta de valor.
* Nunca es suficiente el reconocimiento recibido.

Exceso de intensidad. El miedo que produce algún sentimiento propio hace que este se exagere o disminuya. Es el temor de sentirse disminuido o de no ser reconocido. Lleva a sobredimensionar o disminuir las diferencias con los demás.
* Es más fácil el enojo y la pelea que quedarse con la inseguridad.
* Hay una necesidad previa de ser aprobado o aceptado.
* Obstaculiza el diálogo creativo.
* Acentúa la intolerancia.
* Es no querer ver o complacer a alguien.

Exceso de claridad. Todo debe ser comprensible y claro. Rechazan los datos ambiguos, confusos, borrosos. Todo se debe saber, comprender y ser analizado.
* El exceso de claridad demora la toma de decisiones.
* No permite la innovación.
* Impide aprovechar las oportunidades.
* Demora la resolución de obstáculos.
* Exige tener toda la información.

---

5. Campbell, J.: *Reflexiones sobre la vida*, Emecé, Buenos Aires, 1995.

Para hacer reflexionar al consultante:

* ¿Cuáles son tus excesos preferidos?
  – ¿A quién te parece que se los copiaste?
  – ¿En qué persona cercana observas hoy excesos similares?
  – ¿Reconoces acciones donde has bajado tus rendimientos por causa de tus excesos preferidos?

7) Test de habilidades de liderazgo

Presentamos un test para detectar las habilidades necesarias para liderar. Tiene como objetivo identificar áreas de mejora para el ejercicio del liderazgo.

Antes de comenzar es importante pedir a cada encuestado que sea lo más honesto y objetivo posible. Para el éxito de la prueba, los empleados se encuestan en forma anónima dándoles un sobre para que completen el casillero que les corresponde.

Hay que listar en la columna de la izquierda todas las habilidades que el líder considera necesarias para conducir. Estas se ponderan, según importancia, del 1 al 15. La más importante es la 1 y la menos importante es la 15. Luego, el interesado se autocalifica del 1 al 10 en la columna Yo. Por último, las personas consultadas (empleado 1, 2, 3…) deben calificar al líder según su criterio del 1 al 10.

Después se sacan los promedios finales, sumando horizontalmente, y se ordenan los resultados de mayor a menor. Las cinco habilidades que quedan arriba son las fortalezas a utilizar en el proceso de cambio. Las cinco que quedan abajo son las debilidades que se deben mejorar. Ejemplo gráfico:

Habilidades y actitudes del líder	Pondera-ción	Yo	Empl. 1	Empl. 2	Empl. 3	Colega	Jefe	Cliente	Proveedor	Familiar	Amigo	Total general
Claridad en la conducción												
Organización de las tareas												
Planificación del trabajo												
Control y seguimiento												
Empatía												
Reconocimiento a los demás												
Trabajo en equipo												
Escucha atenta												
Retroalimentación sobre el desempeño												
Conocimiento del producto/servicio												
Resolución de problemas												
Administración del tiempo												
Delegación de las tareas												
Responsabilidad												
Autoridad												
Total individual												

El consultante podría incluir en la columna de Habilidades algunos conocimientos, habilidades y actitudes que a continuación detallamos:

Conocimientos (SABER) Ámbito cognitivo	Habilidades (SABER HACER) Ámbito psicomotriz	Actitudes (SER) Ámbito relacional
• Conocimientos propios del área (comercial, finanzas, RRHH, etc.).	• Autogestión.	• Compromiso.
• Conocimiento de mercado.	• Atención al cliente.	• Compañerismo.
• Conocimiento de productos.	• Negociación.	• Proactividad.
• Conocimientos de sistemas.	• Planificación.	• Visión positiva.
• Conocimiento de procesos.	• Escucha efectiva.	• Perseverancia.
• Herramientas de venta.	• Delegación.	• Flexibilidad.
• Manejo de recursos.	• Comunicación.	• Autoestima positiva.
• Planificación de tareas.	• Visión global.	• Motivación.
	• Delegación.	• Orientación al resultado.
	• Resolución de problemas.	• Espíritu de equipo.

Por último, el entrenador presentará al consultante los resultados obtenidos en la prueba y ambos procederán a analizarlos.

Debe explicar muy bien el valor del test y la experiencia que ha recogido en su aplicación a otros líderes. Asimismo, asegurarle que en poco tiempo podrá reforzar habilidades debilitadas, si encuentran sus causas y si él practica disciplinadamente la mejora.

Es bueno recordar un diálogo entre maestro y alumno del libro *Un minuto para el absurdo* de Anthony de Mello:[6] "¿Cuánto tiempo me llevará resolver mi problema? Ni un minuto más de lo que tardes en comprenderlo, dijo el maestro".

> ☞ **El entrenador debe hacer el análisis del test reconociendo, en primer lugar, los mejores resultados obtenidos por el consultante en la prueba. Luego, debe incentivar al consultante a que encuentre sus debilidades.**

Más tarde deberán analizar las posibles relaciones entre las competencias con bajo puntaje. Preguntar explícitamente al consultante si tiene alguna idea acerca de las causas de sus bajos

---

6. De Mello, A.: *Un minuto para el absurdo*, Sal Terrae, Santander, 2006.

rendimientos. Es imprescindible hacer esta búsqueda, tanto desde la historia del consultante como de su situación actual.

En todo momento el entrenador debe promover que las conclusiones de los análisis sean conjuntas. Esto es importante porque facilita un acuerdo comprometido de ejercicios o tareas a llevar a cabo para mejorar los rendimientos.

Por ejemplo: si el consultante está reconociendo su estima baja, es oportuno en ese momento sugerir algún ejercicio sobre el reconocimiento de fortalezas propias.

También es importante trabajar solo los resultados esenciales de cada habilidad que plantea el test. La finalidad de esta prueba es usarla como disparador, reforzar fortalezas y detectar debilidades en el ejercicio del liderazgo. Es recomendable volver sobre ella durante diferentes etapas del plan de mejora, para chequear los resultados obtenidos hasta el momento.

Estas recomendaciones son válidas para cualquier prueba destinada a la medición de las capacidades de liderazgo del consultante.

8) Ficha de diagnóstico (Ver página 136)

Diseñamos esta herramienta para sistematizar los resultados del diagnóstico y para poder elaborar con mayor seguridad el plan de mejora para el consultante.

9) Ficha de plan de acción (Ver página 137)

Presentamos esta ficha para planificar los entrenamientos necesarios y mejorar cada una de las debilidades de liderazgo detectadas en el consultante. También sirve para llevar un registro de los entrenamientos y los resultados obtenidos. Es una buena guía para realizar el informe final que se presentará a la empresa.

Dado el formato corto de entrenamiento que proponemos, no conviene entrenar más de dos o tres áreas esenciales de mejora. En todo caso, aconsejamos hacer un segundo entrenamiento a los dos o tres meses de realizado el primero.

1 - FICHA DE DIAGNÓSTICO

Nombre del participante:
Puesto:
Empresa:

Entrenador:
Período:

Pida al participante que califique de 1 a 10 su desempeño considerando la siguiente escala de valoración

EVALUACIONES REALIZADAS POR EL PARTICIPANTE Y SU ENTORNO

Fortalezas	Debilidades	Comentarios
Conocimientos		
Habilidades		Comentarios
Actitudes		Comentarios

Fortalezas y debilidades seleccionadas a trabajar y su justificación

Esta ficha debe completarse al terminar la instancia diagnóstica, ya que constituye la base del plan de mejora que seguirá el proceso de entrenamiento.

2 - FICHA DE PLAN DE ACCIÓN

Competencias a entrenar	Tipo de entrenamientos a realizar	Objetivo del entrenamiento	Metodología del entrenamiento	Duración	Resultado obtenido
1.					
2.					
3.					
4.					
5.					

Conclusiones y recomendaciones

10) Utilización de cuatro arquetipos clave

Es importante que el entrenador conozca y haga practicar al consultante cuatro arquetipos de la sabiduría popular: el maestro, el visionario, el curador y el guerrero. Estos arquetipos, que tenemos grabados en el inconsciente, proponen la práctica continua de ciertas habilidades esenciales para lograr un desarrollo personal armónico. Están en todas las culturas y son generados por el inconsciente colectivo. Tienen el valor de actuar como guías para ordenar la conducta.

Todos saben lo que provoca en las personas al solo pronunciarlos: el malvado, la bruja, el ángel, la reina, el príncipe o el héroe. Disparan ideas que ordenan o direccionan acciones, agilizan decisiones o ayudan a recuperar el equilibrio perdido.

Por ejemplo, invocar a Dios en un momento difícil, tranquiliza y alegra a muchas personas, de la misma manera que evocar al diablo amenaza hasta llegar al terror.

A un gerente muy estresado, por tener que asumir una tarea verdaderamente difícil, con preguntarle: "¿quieres ser un guerrero? ¿quieres ser un maestro?..." lo predisponemos a un cambio, o por lo menos a hacerlo pensar.

El arquetipo sirve al entrenador para ayudar a que su consultante tome conciencia de fortalezas y debilidades propias. También para ordenar y enriquecer su diagnóstico o su plan de mejora.

De acuerdo con los temas vitales que este presente, lo podrá guiar desde las cualidades del arquetipo al que crea oportuno referenciar. El que estime más útil en ese contexto y esa situación. Los arquetipos sirven para que el consultante comprenda la actitud que está tomando o el rol que debe jugar ante una situación determinada.

Por ejemplo, si la dificultad es poner límites a su equipo, trabajar el guerrero será lo prioritario. Hacerle preguntas como: ¿qué haría el guerrero en una determinada situación?, ¿cómo lo haría?, ¿por qué lo haría?, ¿cuándo lo haría? Estas preguntas actuarían como disparadores para cambiar hábitos ineficaces. También para recibir alguna instrucción específica sobre las habilidades del guerrero, que el consultante no ha entrenado aún.

Otro ejemplo: si la dificultad pasa por tener un resentimiento importante hacia su superior, pues siente que lo sancionó injustamente, el arquetipo a trabajar sería el curador. Desde las habilidades que este arquetipo propone, el consultante podrá trabajar la apertura, la visión global, el perdón, el agradecimiento, el reconocimiento...

Ángeles Arrien, talentosa antropóloga, después de intensos años de trabajo de investigación con las tribus norteamericanas (navajos, cherokees, sioux) presenta una síntesis sobre las características de los cuatro arquetipos clave:[7]

El maestro
- Desarrolla la sabiduría y la objetividad. Enseña lo que él necesita aprender.
- Propone la comunicación constructiva.
- Prepara para permanecer abierto a los resultados, pero sin atarse a ellos.
- Practica el desapego, que es lo que más ayuda a recuperar los recursos.
- Sabe aceptar la realidad tal como se presenta.

El curador
- Presta atención a lo que tiene afecto y significado.
- Fomenta el amor, la gratitud y el reconocimiento en forma permanente.
- Sabe dar y recibir.
- Propicia la apertura frente a lo nuevo y los problemas.
- Lleva alegría al vínculo.
- Sabe perdonar.

El visionario
- Amplía la visión personal y del entorno.
- Logra gran flexibilidad en la formulación de opciones.
- Propone decir la verdad, sin culpar ni juzgar.
- Promueve el desarrollo de la intuición y la visión global. Respeta señales y las conecta.
- Produce ideas innovadoras.

El guerrero
- Elige estar presente.
- Genera poder e influencia.
- Propone la comunicación clara y precisa.
- Fomenta las condiciones clave para el ejercicio del liderazgo.
- Practica la valentía.
- Se comunica desde la posición.
- No tiene miedo a sí mismo.

---

7. Arrien, Á.: *Las cuatro sendas del chamán*, Gaia, Madrid, 1999.

El desarrollo personal y profesional óptimo se logra equiparando el crecimiento en las cuatro áreas propuestas por los arquetipos: generar poder, curar, desarrollar la visión y enseñar.

La mayoría de los líderes tiende a expresarse excesivamente en una de esas áreas, mientras las otras permanecen más pobres. Generalmente se debe a ciertos avatares en la historia personal, a modelos de liderazgo que la persona conoció y también a algunos vicios de su desempeño profesional, entre otras causas. La práctica diaria con estos arquetipos es indicada para mejorar las relaciones y favorecer la aparición de rendimientos más equilibrado en las diferentes áreas del ejercicio del liderazgo. Llevan a una mayor efectividad en el rol y permiten una vida más plena en el trabajo.

Guía de preguntas para trabajar con el consultante

Aspectos generales de los cuatro arquetipos

- ¿Te consideras un guerrero, un curador, un visionario o un maestro?
- ¿Cómo y para qué desarrollarías mejor los arquetipos que no son tus preferidos?
- ¿Por qué crees que entrenaste más unos arquetipos que otros?

Aspectos específicos de cada arquetipo

El curador
- ¿Quiénes han sido las personas que más te han cuidado hasta hoy?
- ¿Reconoces periódicamente fortalezas en los que te rodean?
- ¿Cuáles son las heridas que te falta curar?
- ¿Dónde y con quién debes ser más abierto?

El guerrero
- ¿Quiénes son los líderes que admiras y por qué?
- ¿Quiénes han reconocido tus habilidades para liderar?
- ¿Cuáles son esas habilidades?
- ¿Cuándo pierdes tu capacidad de liderar?

El maestro
- ¿Generalmente eres objetivo ante los problemas?
- ¿Puedes esperar en lugar de actuar?
- ¿Qué comportamientos rígidos querrías abandonar este año?
- ¿Cuáles son tus apegos principales en tu liderazgo y en las relaciones en general?

El visionario
- ¿Cuándo y con quiénes usas un doble discurso?
- ¿Cuáles son tus tres más importantes talentos para producir ideas nuevas?
- ¿Frente a qué personas o situaciones te quieres desligar?
- ¿Eres respetuoso de informaciones y señales?

11) Ficha de tareas de cada encuentro

Es importante llevar un seguimiento y control de las tareas, las cuales deben ser consignadas en el plan de mejora del consultante indicando qué competencia se busca desarrollar con cada una.

Se recomienda utilizar una ficha similar a esta:

FICHA DE TAREAS				
Fecha de la tarea	Tarea dada	Descripción de la tarea	Competencia a trabajar	Resultados obtenidos

12) Ejercicios específicos para mejorar las posturas corporales del líder

Es importante que los líderes tengan una imagen corporal que represente autoridad, confianza y seguridad, ya que es clave para el ejercicio de una conducción eficaz. Frecuentemente encontramos ejecutivos que emiten un mensaje verbal fuerte mientras su actitud corporal muestra debilidad. Otros, pretenden impartir órdenes con autoridad y su voz parece la de un niño en edad preescolar. Saben lo que tienen que decir, pero el cómo lo dicen desvaloriza su posición.

¿Cuál sería la postura que debería tener un líder para transmitir empatía, confianza, diálogo, intimidad y apreciabilidad a sus seguidores? ¿Qué debería mostrar en sus gestos y en las posiciones de su cuerpo? ¿Cómo debería ser su voz cuando explica, sanciona o manda?

Aquellas actitudes valoradas de la imagen corporal del líder muchas veces tienen que ser aprendidas y afianzadas mediante una serie de ejercicios especialmente pautados y luego evaluados.

> *En la sesión de entrenamiento, un gerente manifestó su incapacidad para generar una conducta no verbal que acompañara su lenguaje verbal. Se daba cuenta de que había incoherencia entre su discurso y los gestos que hacía. Le resultaba limitante expresar juicios negativos con un tono positivo de oportunidad y aprendizaje. Cada vez que daba una retroalimentación negativa al equipo, su mensaje iba acompañado de malestar e incomodidad. Le sugerimos hacer juegos teatrales y algunas sesiones usando el cuerpo como promotor de la conversación. Al principio presentó serias dificultades para integrar el mensaje verbal con el corporal. A medida que lo fue logrando, creció su entusiasmo por el cambio producido. Durante el entrenamiento consiguió comunicarse con su equipo de una manera eficaz y recibir feedback desde una mirada positiva, tanto con respecto al lenguaje verbal como al corporal.*

Cada contexto en el que el líder se mueve, activa disociaciones diferentes entre su imagen, lo que hace y lo que dice. No es lo mismo cuando se encuentra en una entrevista que cuando habla para un auditorio o se reúne con su equipo. Por eso, dichos aprendizajes no tienen valor absoluto. Continuamente hay que practicar y mejorar la integración entre lo que el líder dice y hace y lo que su cuerpo expresa en diferentes situaciones y escenarios.

13) Uso de materiales

El entrenador debe contar con un cuaderno o carpeta de tamaño grande para cada consultante. En él anotará los comentarios más importantes surgidos en cada sesión: recuerdos, miedos, situaciones sin resolver, problemas que se repiten, sueños, pensamientos, tareas. También lo trabajado con el consultante: ejercicios, conceptos enseñados, tareas indicadas, material bibliográfico.

Sugerimos la utilización de un rotafolio para anotar cada uno de los conceptos que se enseñan, especialmente con los consultantes que son predominantemente visuales (un gran porcentaje). Los ayuda a captar con mayor rapidez las ideas y sus relaciones.

Por último, es vital para el desarrollo de un buen proceso de aprendizaje que la sala donde se llevan a cabo las sesiones esté aislada de ruidos y que los celulares estén apagados. Es clave que el consultante esté totalmente atento y concentrado durante los entrenamientos. Hoy, en un mundo tan cargado de estímulos y exigencias, conseguir esto no es una tarea fácil.

Tomamos como referencia nuevamente el libro de Anthony de Mello *Un minuto para el absurdo*,[8] donde hay otro diálogo entre maestro y alumno acerca de las diferentes formas de mirar y atender:

> *Dios teje tapices perfectos con los hilos de nuestras vidas, incluidos nuestros pecados. Si no somos capaces de verlo, es porque miramos la otra cara del tapiz.*

Y de una manera más sucinta:

> *Lo que para algunos no es más que una piedra que brilla, para el joyero es un diamante.*

14) Evaluación del entrenamiento

Diseñamos una encuesta que recomendamos utilizar al término del proceso de entrenamiento. Sirve para evaluar los resultados de los temas esenciales del aprendizaje, las actividades realizadas y su efectividad, así como, por último, las habilidades del entrenador que tuvo a su cargo el programa de diagnóstico y el plan de mejora.

---

8. De Mello, A.: *op. cit.*

EVALUACIÓN DEL ENTRENAMIENTO INDIVIDUAL

Empresa _____ Nombre del consultante _____ Fecha_____

Le agradecemos que complete el siguiente formulario con su opinión sobre las actividades realizadas
Por favor, evalúe del 1 al 10 a su entrenador, siendo 1 lo menos valorado y 10 lo más valorado en cada uno de los ítems:

Por favor, responda las siguientes preguntas:	MUCHO	ALGO	NADA
1. ¿Considera que los conceptos aprendidos en este entrenamiento le agregan **valor** a su día?			
2. ¿Cree que el nivel de los contenidos trabajados fue el adecuado?			
3. ¿Considera que se cumplieron sus expectativas?			
4. ¿Considera que encontró respuesta a los problemas que enfrenta en el día a día?			
5. ¿Considera que superó sus debilidades?			

Actividades realizadas	1	2	3	4	5	6	7	8	9	10	N/A*
Diagnóstico											
Plan de mejora											
Sesiones de trabajo											
Ejercicios realizados en las sesiones											
Tareas solicitadas											
Habilidades del entrenador	1	2	3	4	5	6	7	8	9	10	N/A
Visión global											
Escucha y contención											
Objetividad											
Formulación de preguntas											
Feedback en tiempo y forma											
Seguimiento de las acciones aplicadas al trabajo											
Administración del tiempo de la sesión y el programa											

¿Qué actividad le gustó más? ¿Por qué?_____

¿Qué actividad le gustó menos? ¿Por qué?_____

Entrenador	1	2	3	4	5	6	7	8	9	10	N/A

Materiales entregados	1	2	3	4	5	6	7	8	9	10	N/A
Libros											

Evaluación general (tilde lo que corresponda)											
Libros, artículos, herramientas, etc.	1	2	3	4	5	6	7	8	9	10	N/A

¿Cuáles son los aprendizajes que se lleva de la actividad?_____

¿Considera que necesitaría prolongar el entrenamiento? ¿Por qué?_____

* No aplica.

CAPÍTULO 9

DIAGNÓSTICOS Y ENTRENAMIENTOS DE LÍDERES

Presentamos algunos ejemplos de entrenamientos efectuados con distintos líderes. En ellos pueden apreciarse las etapas del proceso, los recursos utilizados y los resultados obtenidos.

a) María Inés
Jefa de Producción de una empresa constructora

1°) Trabajo previo del entrenador

María Inés es derivada por el gerente de RRHH de una compañía muy reconocida en el segmento de la construcción que cuenta con 500 empleados, ocho gerentes de área y un director general.

El gerente de RRHH manifiesta que María Inés es la jefa de Producción, de 37 años de edad –con 40 personas a cargo– y excelente *expertise*, es muy eficiente en su puesto, pero a menudo provoca confrontaciones importantes con sus empleados y otros jefes de la compañía. Este problema a veces termina hasta con denuncias y amenazas por parte de los delegados sindicales, quienes complican aún más el escenario.

En varias oportunidades RRHH pidió a María Inés que efectuara cambios en su conducta, sin obtener resultados. Por eso le propuso que hiciera un programa específico de entrenamiento.

Ella aceptó la propuesta con poco entusiasmo. Y comenzó su programa de dos reuniones diagnósticas y seis de entrenamiento.

En la primera sesión diagnóstica no reconocía la problemática detectada por sus superiores. En cambio, culpaba al jefe de RRHH por su falta de autoridad, por no tener conocimientos específicos de gestión y por no defenderla frente a quejas de los empleados, ya que ella las consideraba injustas, infantiles o inoportunas.

2°) Diagnóstico

Trabajamos los datos de la historia personal y profesional de María Inés. Sacamos conclusiones importantes sobre la relación con su hermana gemela. Para diferenciarse de ella, desde niña se entrenó especialmente en el uso de herramientas propias de las ciencias duras, cursando la carrera de ingeniería civil.

En cambio, su hermana prefirió adoptar prácticas infantiles más blandas, que plasmó en la carrera de asistente social.

Ambos patrones laborales fueron imitados de sus padres, quienes son psicóloga e ingeniero. La identificación con cada uno de ellos les permitió diferenciarse. Así es como María Inés hoy se aferra al orden, los cálculos, el plan, los sistemas y rechaza el valor de las relaciones y la aparición de los conflictos. Minimiza el conflicto: lo detecta y rápidamente sanciona. Trata de ocultarlo o juzga negativamente a la otra parte. Huye de los problemas de relación; no los ve o los resuelve de forma autoritaria sin escuchar a los otros.

Comienza de a poco a reconocer la disociación de los aprendizajes que articuló en su propia historia. Esta hipótesis fue confirmada en una charla profunda que tuvo con su hermana, a la que no trataba desde hacía más de cinco años. En eso consistió el primer ejercicio que le pedimos para corroborar la hipótesis de trabajo que formulamos en el diagnóstico.

A partir de ese momento comenzamos a tomar como base para su entrenamiento el conflicto principal de María Inés: se identificaba exclusivamente con un rol conductivo duro, que era lo que le traía problemas. Esto se agravaba por la falta de aprendizajes específicos de competencias clave, como resolución de problemas, delegación, relaciones difíciles, valoración suficiente del otro, prevención de conflictos y reconocimiento de los propios errores.

A partir de lo detectado, trabajamos sus marcados excesos de crítica y perfeccionismo con respecto a los demás. Con frecuencia estos la llevaban a culpar, juzgar y comparar, complicando las situaciones problemáticas comunes de su área.

Para verificar este diagnóstico, le administramos el Test Sauville, que califica 12 competencias específicas para liderar con un puntaje de 1 a 10 por competencia.

Estos fueron los resultados:

Competencias	Puntaje	Competencias	Puntaje
Investigar	7	Adaptarse a los cambios	7
Promover innovación	5	Brindar apoyo	1
Crear relaciones	1	Atender a los detalles	8
Comunicar información	2	Estructurar tareas	8
Proporcionar liderazgo	2	Impulsar el triunfo	7
Mostrar resiliencia	2	Motivar a los demás	7

Al analizar los resultados del test, María Inés no aceptó su problemática y restó valor a la prueba. Cuestionó su puntaje de 1 en las competencias:

- Crear relaciones.
- Brindar apoyo.

También el puntaje de 2 en Mostrar resiliencia.

Buscó varias excusas para invalidar estos resultados.

Tampoco pudo dar valor a las competencias donde logró 7 y 8 puntos, a pesar de ser estas muy apreciadas por cualquier compañía:

- Atender a los detalles.
- Investigar.
- Estructurar tareas.
- Impulsar el triunfo.
- Adaptarse a los cambios.
- Motivar a los demás.

Esta evaluación presentó una imagen pobre de su estima personal. Al no reconocer sus fortalezas, tampoco pudo aceptar sus debilidades. La inseguridad, en ese momento, dominaba su escenario. Su angustia era importante por esa razón, y entonces le pedimos que reforzara su rutina física diaria. Pasó a hacer *running* de dos días por semana a cinco días seguidos.

3°) Plan de mejora

Era preferible comenzar un programa para valorar sus fortalezas y, por el momento, no insistir sobre sus debilidades.

Los primeros ejercicios que planteamos fueron programados para reactivar fortalezas:

1. armar un procedimiento que fuera necesario en su área;
2. hacer un plan de tareas semanales para un sector con alto conflicto;
3. construir un programa de seguimiento y control de obra, por zonas;
4. implementar un programa para el depósito de materiales.

En estas experiencias María Inés obtuvo resultados excelentes. Comenzó a valorar su alta *expertise*.

La mirada del entrenador sobre sus logros fue altamente estimulante para ella.

Luego, administramos otras pruebas psicológicas para seguir indagando sobre su conflicto básico: test de la familia, test de la figura humana, test de figuras geométricas de Ángeles Arrien.

Todo este material, más sugerentes preguntas abiertas relacionadas, ayudó para que María Inés diluyera sus barreras y tuviera una mejor aceptación de sus dificultades. Estábamos en un camino de reconocimiento personal muy interesante…

4°) Sesiones de entrenamiento

Focalizamos el plan de entrenamiento en las siguientes competencias:

- Marketing personal.
- Modelos de comunicación proactivos.
- Resiliencia en el rol conductivo.
- Reconocimiento y apoyo al empleado.
- Delegación efectiva.
- Relacionamiento eficaz.
- Ventajas del liderazgo democrático.

Indicamos que pidiera a seis personas de su confianza y comprobadamente inteligentes que le señalaran cuatro de sus principales fortalezas. El resultado de la experiencia fue el siguiente:

- Inteligencia: 6 reconocimientos.
- Compromiso: 6 reconocimientos.
- Valentía: 4 reconocimientos.
- Creatividad: 2 reconocimientos.
- Trabajo efectivo: 6 reconocimientos.

Al ver estas opiniones, María Inés sintió una gran alegría. El recurso ayudó a que se valorara más ante su grupo, sus pares y el gerente de RRHH.

Apuntalada por los aprendizajes realizados, leyó y resumió textos sobre autoestima, marketing personal, delegación, comunicación y relaciones efectivas.

Luego, practicó con empleados difíciles las siguientes habilidades: enseñar, corregir, guiar y controlar (sin culpar, juzgar ni comparar). Cada ejercicio de esta serie fue evaluado, tanto en aciertos como en errores, sin que María Inés ofreciera mayores resistencias.

A continuación, le pedimos que frente a diferentes problemas con sus empleados observara y registrara diez conductas propias en un período de seis días. Debía ser su propio observador, y consignar por escrito lo percibido. El objetivo era que controlara sus excesos de crítica y perfeccionismo.

En la evaluación que efectuó de sus conductas descubrió el alto efecto inhibidor de estos excesos en el equipo. Simultáneamente, este aprendizaje fue de gran impacto en su vida personal.

Luego hicimos seis *role playing* correctivos, para revisar y mejorar su rendimiento en resolución de problemas y relaciones difíciles. Mediante ellos, María Inés aprendió a utilizar herramientas clave: indagar, reconocer, no culpar, negociar, insistir, enseñar, delegar y tolerar la frustración.

Estaba ya en condiciones de comenzar reuniones de trabajo con su personal. Esta tarea nunca se había realizado en el sector.

Preparó cada reunión con una agenda en la que incluyó especialmente reconocimientos al equipo y la enseñanza de cuatro de las habilidades que ella ya dominaba:

- relaciones difíciles,
- delegación,
- negociación,
- comunicación efectiva.

Después de cada reunión evaluó, sin la ayuda del entrenador, aciertos y errores en su conducción.

Luego, mediante diferentes ejercicios verbales y escritos, profundizó el aprendizaje de seis habilidades clave para hacer y mejorar relaciones:

- aceptar,
- atender,
- apreciar,
- amar,
- alejar,
- alegrar.

Estas prácticas resultaron ser una fuerte guía para que ella se sintiera más segura en nuevas o difíciles experiencias de relación.

Más tarde replicó algunos de estos ejercicios con sus empleados. Fueron muy productivos: lograron mayor fluidez y flexibilidad en sus relaciones.

El entrenamiento realizado por María Inés elevó ostensiblemente los resultados de su equipo. Hasta el propio gerente de RRHH llamó para agradecer y felicitarnos por nuestro trabajo.

Aquí termina la secuencia de dos reuniones diagnósticas y seis de entrenamiento. El entrenador pidió dos sesiones más para fijar los conocimientos aprendidos y establecer un programa mínimo de tareas para los próximos meses.

En la encuesta de satisfacción, María Inés consignó sus logros y ponderó el trabajo efectivo de su entrenador.

5°) Cierre del proceso de entrenamiento

Esta jefa de Producción logró valorar fortalezas, aceptar debilidades y disminuir dificultades de relación. A tal fin, incorporó herramientas específicas que replicó en su equipo. Conoció las bondades de ejercer un rol más democrático que el que estaba acostumbrada a ejercer. Leyó e investigó sobre áreas que desconocía: relaciones, comunicación, marketing personal, autoestima, delegación. Disfrutó sus fortalezas y reconoció sus debilidades sin culparse. Mejoró específicamente la relación con los integrantes de su equipo, con otros jefes y con el gerente de RRHH. Se volvió más resiliente para detectar y aceptar sus errores. Mostró más seguridad frente a los obstáculos propios de la gestión. Aprendió a controlar sus excesos de crítica y perfeccionismo, bloqueadores importantes de su potencial para conducir.

Al finalizar el entrenamiento trajo esta frase de Bertolt Brecht escrita: "La inteligencia no consiste en no cometer errores, sino en descubrir el modo de sacarles el mayor provecho".[1]

Nuestro trabajo había tenido un final de mucho reconocimiento.

b) José Luis
Jefe de logística y distribución de una empresa de ropa de mujer y de hombre

1°) Trabajo previo del entrenador

José Luis es derivado por el gerente general de la compañía, quien decide intervenir directamente sobre el problema que este

---

1. Brecht, B.: *La excepción y la regla*, Editorial Nueva Visión, Buenos Aires, 1986.

presenta en la conducción de su equipo. Intuye que las bajas de rendimiento tienen que ver con la relación existente entre él y el gerente de Producción, su jefe inmediato.

Comenta que José Luis no hace seguimiento y control adecuado de los 105 empleados que tiene en el área (la compañía cuenta con 700 empleados y seis gerentes).

Tampoco exige el cumplimiento de normas de seguridad que están explicitadas en los reglamentos. La higiene y salubridad de los depósitos es deficiente. No lleva un exhaustivo control diario de asistencias y faltas. En el último año hubo más de diez robos de mercadería y nunca pudieron encontrar a los responsables. Hace tres meses se incendió una parte del depósito y él no se preocupó por analizar las posibles causas.

El gerente de Producción no duda de la eficiencia de José Luis. Lo define como un empleado muy instruido y comprometido con la compañía. Atribuye los problemas a factores como: dificultades con la importación de la mercadería, la inoperancia de los empleados de la "Generación Y", el acoso de los delegados sindicales y otras generalidades.

El gerente general pide un entrenamiento específico para José Luis de dos sesiones diagnósticas y seis de entrenamiento. Este acepta de buen grado la propuesta y comienza la etapa diagnóstica.

Le pedimos el CV para corroborar su *expertise* en el área de logística y distribución. Constatamos que posee muy buena instrucción, recibida en Argentina y otros países. Lo que resulta significativo es el poco tiempo de permanencia (más o menos un año) que ha tenido en otras compañías importantes donde ha trabajado.

2°) Diagnóstico

Después de interrogarlo por sus cambios de trabajo frecuentes y por su relación con los empleados, observamos que José Luis presenta una dificultad importante para imponer su autoridad, mostrar su valía y exponer con firmeza lo que sabe.

Supone que con pedir algo, el otro lo cumple. Le parece que todos entienden correctamente lo que él persigue. Estas suposiciones y los malentendidos que ellas generan traen problemas que le provocan un constante sentimiento de frustración. Este se acentúa ante los bajos resultados que obtiene con su equipo.

Otro tema problemático es que delega sin exigir rendimiento. Así es como los resultados se diluyen.

También confirmamos que no aplica el sistema de sanciones establecido por la compañía, lo que daña su autoridad para calificar, por ejemplo, un trabajo como bueno o malo.

Por medio de preguntas comprobamos que su *expertise* es muy elevada, así como que su valoración personal es muy baja. Por lo que expresa, parece demostrar miedo a que sus empleados piensen mal de él.

Su comunicación con los demás y su liderazgo están muy por debajo de lo que requiere la compañía. No puede brindar a su equipo el apoyo que necesita para enfrentar rápidamente los problemas y llegar a los objetivos con éxito.

Al reconstruir su historia, encontramos que tiene un hermano seis años mayor que desde pequeño lo introdujo en el mundo de las relaciones. Lo protegía como si fuera su padre más que un hermano. Esto, que a él le causaba admiración, seguramente fue lo que debilitó su deseo de competir y la necesidad de ser valorado.

Mientras trabajábamos esta relación, que aparentemente era la que había generado su conflicto central con la autoridad, ocurrió un incendio en otro sector del depósito. Aprovechamos para ayudarle a organizar un plan de emergencia, diagnosticar las posibles causas del incendio y resolver las consecuencias. En ese contexto, pudimos observar sus dificultades para exigir, calificar un buen o mal trabajo, ordenar, elegir por prioridades, mandar, delegar y hacer el control y seguimiento que con urgencia pedía la situación.

Volvimos a revisar la historia de José Luis en busca alguna escena infantil que aún hoy lo bloqueara y le impidiera mostrar su alto grado de *expertise*. Él manifiesta que no recordaba ningún suceso asociado al tema de sus dificultades con el rol de conductor.

Es evidente que no cree en sí mismo y que siente culpa y miedo al exigir mejores rendimientos a sus empleados. Esta inseguridad hace que sus decisiones sean lentas y que los sucesos negativos del sector queden sin resolver y se prologuen durante demasiado tiempo.

Administramos el Test Sauville una semana antes del segundo incendio. El tomar conciencia de los resultados obtenidos con dicho test, más la ayuda para resolver la emergencia que le proporcionamos con el programa hizo que aprendiera a valorarse más y tuviera la posibilidad de ejercer su rol conductivo con más autoridad.

Los resultados en la prueba fueron los siguientes:

Competencias	Puntaje	Competencias	Puntaje
Investigar	7	Adaptarse a los cambios	5
Promover innovación	7	Brindar apoyo	2
Crear relaciones	1	Atender a los detalles	6
Comunicar información	2	Estructurar tareas	6
Proporcionar liderazgo	2	Impulsar el triunfo	6
Mostrar resiliencia	2	Motivar a los demás	6

Aún conmovido por los resultados de la prueba, cierto día, en la sesión de entrenamiento relató lo siguiente:

Soñé con algo muy duro: varios chicos me pegaban en la escuela mientras me decían "sabelotodo". Estaba todo golpeado. Ahí fue cuando me desperté y recordé que cuando estaba en primer grado, la maestra preguntó algo importante y yo le contesté inmediatamente y con lujo de detalles. Mi compañero de banco me dijo: "Siempre eres el mismo fanfarrón". Me dolió mucho... Sentí vergüenza. Desde ese día, traté de hablar lo menos posible, de pasar inadvertido y no mostrar lo que tengo o conozco.

Una herida infantil había sido determinante en su historia. El compañero de banco le había pegado muy fuerte en una parte débil de su personalidad infantil, tanto que olvidó el suceso. Lo interesante es que en su adultez siguió actuando con la misma conducta infantil que había generado para resolver el ataque causado por su compañero de banco. Sus neuronas, por ese entonces, tenían una intensa posibilidad de grabación del mensaje. Fijaron un circuito que duró hasta el presente, bloqueando su potencial.

3°) Plan de mejora

En primer lugar, trabajamos los efectos de la herida que actuaban, aún hoy, sobre el ejercicio de su liderazgo. Esto nos obligaba a realizar diferentes prácticas donde José Luis pudiera perdonar y olvidar lo sucedido en su infancia.

Tomar conciencia de la situación y de los diferentes ámbitos donde la herida "dominaba el escenario" fue el primer objetivo a lograr.

En segundo lugar, nos propusimos entrenar intensamente las competencias que daban menos de cuatro puntos en el Test Sauville:

- Crear relaciones.
- Comunicar información.
- Proporcionar liderazgo.
- Brindar apoyo.

4°) Sesiones de entrenamiento

Le propusimos a José Luis una serie de ejercicios y de lecturas breves para neutralizar la herida, perdonar y valorar su potencial. Escribió, dibujó y contó varias veces el hecho traumático. También le relatamos historias similares contadas por otros líderes.

Las experiencias fueron evaluadas por él como muy positivas; sintió alivio y mayor apertura en todos los aspectos de su vida. Dijo textualmente: "estoy más distendido, más activo, más flexible, con menos miedos para hablar y mandar...".

Luego organizamos una secuencia de tres o cuatro acciones diarias con los empleados (ordenar, corregir, estimular, enseñar). El objetivo era que visualizara y tomara conciencia de su problemática frente a los empleados para que así luego pudiera corregirla. Observó que su conducta estaba limitada por la falta de valoración personal. Tomó conciencia de este proceso.

También hicimos una serie de prácticas en referencia a su relación con el gerente de Producción. Revisamos cómo repercutía cada conducta de esa persona sobre José Luis. Varias veces dijo en las evaluaciones que el comportamiento de su superior era el de "un fanfarrón". Al expresarlo se dio cuenta de que este calificativo le había servido hasta el momento para organizar negativamente sus relaciones con él.

Preparamos varios *tips* para que José Luis utilizara cuando apareciera la idea de calificar negativamente a quien sabía valorarse, especialmente su jefe.

Luego armamos un plan de comunicación con sus empleados. También le proporcionamos herramientas específicas para que hiciera observaciones y evaluaciones de su liderazgo, tanto negativas como positivas (por ejemplo, el test de habilidades de liderazgo, pág. 133).

Analizando los resultados obtenidos mediante *role playing* correctivos, pudimos trabajar sus debilidades en la conducción.

También practicamos con dramatizaciones sobre temas específicos del área, o mostrando su trabajo en diferentes ámbitos o presentando a la compañía y sus fortalezas… El objetivo era que lograra que su valoración fuera efectiva y contundente.

Le enseñamos a construir diferentes mensajes verbales y escritos con el objetivo de corregir dudas y confusiones.

Su permanente ejercicio de una actitud de falsa modestia le hacía perder autoridad frente a los empleados. La meta era que aprendiera a expresarse desde su alta *expertise*, es decir, valorándose como un líder muy instruido.

En cada uno de los encuentros debía traer cinco o seis delegaciones efectuadas a sus empleados. Luego las analizábamos teniendo en cuenta la urgencia, el tiempo y sobre todo el poder que les daba a los empleados para resolver los problemas.

Esto fue muy importante para mejorar su propia autoridad disminuida. Reconocerse y reconocer al otro sus aciertos fue una herramienta clave. Esto le permitió hacer mejor la tarea de seguimiento y control.

Entendió claramente que debía mandar y ordenar con seguridad. También que debía valorar y después marcar el error a sus empleados.

Por último, se le pidió a José Luis que pidiera a tres profesionales conocidos y de similar nivel al suyo que opinaran sobre su formación. Fue una sorpresa cuando recibió los elogios de los compañeros. Esto ayudó aún más a que se valorara. Entre otras personas, había elegido al gerente de Producción, lo que significaba que había mejorado la relación con él y le reconocía su verdadero valor.

Muchas veces, durante el entrenamiento, José Luis manifestó que tenía los mismos problemas con su mujer y con su hijo adolescente. También se le indicaron prácticas correctivas para que aplicara en ese ámbito, que luego fueron igualmente evaluadas. Investigar en otros contextos fue un recurso que dio muy buenos resultados.

En resumen, le quedó claro lo que debía aprender para responder a una demanda alta, a los escasos rendimientos de los otros, a la desvalorización que podían hacer sobre su persona, y a las quejas y los reclamos. Se dio cuenta definitivamente de cómo proyectaba su desvalorización sobre los demás y las respuestas negativas que obtenía por ese proceder.

Por último, enfrentó el desafío de organizar reuniones grupales e individuales desde una posición donde valorara su *expertise.*

Fue notable como pudo sacar su propio maestro interno: brindó con sabiduría las mejores lecciones de aprendizaje a su equipo.

5°) Cierre del proceso de entrenamiento

José Luis logró neutralizar una herida infantil que promovía su desvalorización y falta de comunicación. Mejoró las relaciones con su equipo y con el gerente de Producción. Reaprendió herramientas de gestión que tenía mal aprendidas: comunicación, delegación, seguimiento, control, valoración de aciertos y de errores, propios y de sus empleados y jefes. A su vez, amplió su visión acerca de problemas y conflictos al aprender a no culpar ni juzgar de antemano.

Pudo valorarse y, a partir de esta actitud, a valorar más a los demás. Su comunicación fue más efectiva y aumentó su autoridad. En poco más de dos meses, su equipo logró elevar los resultados en cuanto a ritmo de trabajo, compromiso, innovación, resolución de problemas, etc. Su liderazgo estaba comprometido para mostrar experiencia, lo que le daba autoridad ante el equipo.

Dice Hilda Cañeque en *8 claves para el cambio creativo*:[2] "Frente a lo que una persona mostró como una forma de gestionar con bajo resultado, existen dos maniobras posibles: ayudar a que cambie lo que no funciona o potenciar lo que funciona".

c) Silvina
Gerente de una empresa pesquera

1°) Trabajo previo del entrenador

Silvina solicita entrenamiento por recomendación de su médica clínica, quien manifiesta cierta preocupación ante el nivel de estrés de su paciente.

En la primera entrevista, Silvina hace el siguiente relato:

> *Hace cuatro años decidí tomar la conducción de la empresa. Fue cuando mi padre dejó de dirigirla, afectado por una enfermedad compleja. En ese momento, ninguno de los otros seis socios quiso tomar la gestión. Entre mi hermano y yo tenemos el 70% de las acciones, por eso creí que iba a ser fácil el desafío de liderar. Al principio condujimos juntos, hasta que me di cuenta de su poco interés en el tema y los problemas que generaba en el equipo. Entonces decidí seguir sola y le pedí que cubriera un puesto en la administración. Hoy lo lleva con poca energía y convicción.*
>
> *Durante todo este período me entrené con especialistas de muy buen nivel, de los que recibí acertadas lecciones sobre conducción: planificación, resolución de problemas y conflictos, marketing personal, negociación, estudio de mercado, segmentación, armado de estructuras. También me informé sobre posibles planes de negocio para la empresa en el corto plazo.*
>
> *Hasta hoy no he podido implementar los conocimientos adquiridos. Tengo dificultades para cambiar lo que había armado mi padre, aunque sé que eso hoy no sería efectivo. Siento que los demás me van a calificar de soberbia. Algunos parientes dicen que nunca las cosas se hicieron*

---

2. Cañeque, Hilda: *8 claves para el cambio creativo*, Ediciones Granica, Buenos Aires, 2014.

como ahora propongo y que igual siempre entró buen dinero. Afirman que una empresa familiar debe dar prioridad a la familia antes que nada. Opinan que los especialistas que me ayudan no saben sobre el negocio de la pesca.

También con frecuencia llegan rumores sobre que no sé controlar los gastos, doy más beneficios a unos empleados que a otros, les tengo miedo a ciertos empleados, soy muy ingenua, etc.

Todas estas opiniones y muchas más, influyen para que yo no pueda cambiar lo que es necesario. Creo que nadie valora lo que hago. Eso me exaspera y desalienta; me paraliza.

El grupo principal de trabajo está conformado por algunos socios y sus hijos. La mayoría de los integrantes son familiares. Todos quieren dirigir, sin tener ninguna instrucción previa ni presencia suficiente en la organización.

Muy a menudo hay robos de mercadería y no logro encontrar a los responsables.

En las reuniones societarias los participantes protestan de forma agresiva porque desde hace dos meses no hay dividendos por cobrar y me culpan por eso.

2°) Diagnóstico

En el relato se observa que los empleados están acostumbrados a comunicarse desde un vínculo muy primario, organizado hace cincuenta años por el fundador. Las relaciones no son racionales sino afectivas. Por ejemplo, una empleada pide a su mamá que venga a ayudarla el día del pago al personal y todos consideran muy adecuada la presencia de esta persona. Otra empleada trae a su bebé durante la jornada laboral y varios del personal le ayudan a cuidarlo, abandonando sus trabajos. Cualquier socio puede llegar intempestivamente a la administración y revisar temas de pagos o deudas sin ninguna objeción.

Hace cincuenta años, cuando el mundo y las costumbres eran muy distintos, el padre de Silvina llevaba con éxito este grupo con mucha autoridad. Hoy, esta forma de conducir es rechazada sin que exista un modelo para reemplazarla.

La estructura es muy precaria: no hay puestos ni funciones delimitadas, tampoco tareas claras y precisas para cada puesto:

"Todos hacen de todo". No existe un sistema de premios y sanciones seriamente estipulado. Los procedimientos no son consensuados y tampoco escritos; por lo tanto, se cambian muy a menudo.

Algunos contratos de trabajo están organizados fuera de la ley; por ejemplo, hay empleados que cobran por jornada de nueve horas mientras que trabajan cuatro horas.

Nunca hubo plan de negocio para la organización. Hoy se mantiene con unos diez clientes que hace años logró conseguir el fundador. Nadie percibe el peligro que representa esta situación.

El relato de Silvina es coherente: muestra una película bien secuenciada de su complicada realidad empresarial. Se la ve completamente sola en la conducción y con dificultades para empoderarse como líder. Quiere dirigir pero no confía en sus fortalezas. El resto del grupo se da cuenta de esta dificultad y la provocan casi diariamente en claro desafío a su autoridad. Ella critica el modelo dominante de su padre pero no ofrece otro sistema de conducción efectivo.

Se le administró la encuesta de liderazgo que proponemos en la página 133, donde se comprobaron ampliamente las dificultades de Silvina para conducir.

También se le administró el Test Desiderativo, que introduce al sujeto en un mundo imaginario preguntándole qué desearía ser si no fuera una persona. Dio los siguientes resultados:

Frente a la pregunta: "Si fuera animal, ¿cuál querría ser?", contestó: "Hormiga, por lo trabajadora". Ante la pregunta: "Si fuera un vegetal, ¿cuál querría ser?", respondió: "Pino, por lo protector, porque tiene una raíz muy profunda y hace ruido con el viento". Por último, a la pregunta: "Si fuera un mineral, ¿cuál querría ser?" contestó: "Un brillante, para que todos me puedan ver".

Cuando le preguntamos: "Cómo relaciona estas tres imágenes con su conducción", rápidamente dijo: "Soy una hormiga muy trabajadora que todos pueden pisar en cualquier momento; un pino que protege tanto que crea un montón de ineptos, y un brillante que quiere que lo vean, pero que nadie ve".

Luego, muy conmovida, expresó: "Yo era una nena muy valiente y transgresora, mucho más que mis hermanos, pero mi padre se encargó de anular esas fortalezas. Me castigó verbalmente muchas veces y presagió que no iba a tener buen futuro si seguía con conductas soberbias".

3°) Plan de mejora

De a poco, Silvina tomó conciencia de sus dificultades. La comprometimos a trabajar en un plan de mejora, centrado en su conflicto principal: despegarse de viejos modelos de pensamiento inhibidores de su valentía. Esto implicaba enriquecer al "guerrero interno"; estar presente, generar poder con coraje y crear una comunicación clara y precisa con su equipo. De esta manera podría modificar la cultura de su empresa y hacerla más eficaz en sus resultados.

La propuesta fue trabajar sus modelos de pensamiento más inhibidores y la relación con los miedos que le impedían ordenar, sancionar, resolver, innovar, no escuchar las críticas de su equipo y crear confianza.

4°) Sesiones de entrenamiento

Propusimos a Silvina hacer diez sesiones de entrenamiento, cuyo objetivo sería reforzar su valentía en el ejercicio del liderazgo en las siguientes competencias: marketing personal, resolución de problemas, delegación, comunicación, prácticas con diferentes modelos de liderazgo y planificación estratégica. Este programa sería acompañado por lecturas específicas y sus correspondientes reflexiones. También se le darían herramientas de oratoria, comunicación escrita, preparación de reuniones individuales y grupales, instructivos para el personal, y técnicas para hacer seguimiento y control en todos los puestos.

En cada sesión Silvina se encontraba con varias dificultades para ejercer la valentía. Gracias a los aprendizajes logrados en los ejercicios programados, conseguía desbloquearse cada vez más.

Practicó una serie de *role playing* correctivos donde aprendió a ser firme sin enojarse, expresar el "no" y el "sí" con claridad y energía, sancionar sin culpa ni miedo, exigir con convencimiento, corregir con seguridad, ordenar y escuchar a los demás sin sentirse criticada.

A medida que sus aprendizajes avanzaban escribió varias veces acerca de cómo le gustaría dirigir su empresa.

Le facilitamos que visitara tres empresas de parecido tamaño a la suya y entrevistara a sus conductores. Estas visitas le permitieron conectarse con las dificultades esenciales de cualquier liderazgo y la importancia del ejercicio de la valentía en ese rol.

Hizo varios ejercicios de brindar reconocimiento al personal, pautados previamente. Este constituyó un método eficaz para que reconociera sus propias fortalezas.

Trabajó con técnicas psicodramáticas: soliloquio, cambio de rol, uso del espejo para encontrarse con su desvalida imagen y poder corregirla.

La acompañamos como observadores no participantes durante tres reuniones con sus socios que luego evaluamos en forma conjunta. En ellas logró afirmarse en su rol conductivo.

También se le indicó una rutina física diaria exigente, para soltar miedos y angustias. El objetivo era lograr que su cuerpo tuviera un tono muscular más firme. Ella eligió correr. Esta práctica ayudó muy efectivamente.

5°) Cierre del proceso de entrenamiento

Silvina estuvo en entrenamiento seis meses. En cada encuentro solicitaba más entrevistas.

Instalar la valentía en su rol llevó tiempo y constancia. A medida que lograba empoderarse, su estrés disminuía. Aprendió a dirigir más racionalmente y a tolerar mejor la soledad en su liderazgo.

Con esfuerzo y disciplina, pasó a depender menos de la opinión de los otros y pudo neutralizar las críticas destructivas.

Llevó a su realidad laboral muchos de los aprendizajes conseguidos con los especialistas consultados antes.

De a poco fue confiando más en su potencial. Estaba en camino de hacer cambios importantes en la estructura de su empresa y de pensar seriamente en un plan de negocios. Quedaban por resolver varios problemas, pero ella aprendió a tomarlos con más frialdad y valentía.

Dice Rafael Echeverría en su obra *La empresa emergente*:[3]

> *La estructura de la empresa tradicional ha devenido lenta, poco eficaz, distorsionadora de sus procesos de trabajo y negocio, cara y poco competitiva (…) Ya es obsoleta. Se habla de cómo los cambios en el entorno han precipitado su obsolescencia. Todos hemos escuchado las múltiples referencias a factores como:*
> * *la aceleración del cambio,*
> * *la globalización de los mercados,*
> * *el incremento de la competitividad,*
> * *el efecto de las nuevas tecnologías (…)*
>
> *La empresa tradicional se levantó en un entorno muy diferente y no ha sabido adaptarse a las profundas transformaciones de su nuevo entorno.*

---

3. Echeverría, R.: *La empresa emergente*, Ediciones Granica, Buenos Aires, 2011.

PARTE III

ENTRENAMIENTO GRUPAL

En esta parte presentamos la propuesta del entrenamiento gerencial grupal.

Sigue los mismos lineamientos teóricos del entrenamiento individual, pero aplicado a grupos.

Para un equipo o una organización el camino que proponemos es realizar un buen diagnóstico y, basados en él, organizar un plan de mejora de procesos y resultados.

A continuación plantearemos algunos de los fundamentos conceptuales del trabajo grupal.

CAPÍTULO 10

EFECTOS SANADORES
DE LOS EQUIPOS

Un equipo o un grupo constituye un conjunto de sistemas comunicacionales. Sus integrantes transmiten conocimientos, vivencias, intereses e ideas que generalmente se potencian, ya sea de forma negativa o positiva. Por ejemplo, cuando un problema es analizado por varios, se enriquecen sus análisis y soluciones. Un procedimiento aprobado por todos los integrantes de un área tiene mayor fuerza en su aceptación y cumplimiento. Las personas aprenden más fácilmente a hacer cambios y a producir ideas innovadoras efectivas.

Dentro de un equipo que funciona bien, los integrantes se ayudan, proponen cambios, se contienen emocionalmente, crean propuestas novedosas, avanzan hacia objetivos consensuados y logran resultados en climas de afecto y seguridad.

Aconsejamos que todas las acciones positivas producidas por uno o varios de los integrantes del equipo sean festejadas para multiplicar su efecto motivador. Mientras que las acciones negativas deben trabajarse de inmediato; su efecto multiplicador puede ser muy rápido y constante, y adquirir dimensiones inimaginables en su manifestación.

Dentro del grupo, las personas se dan cuenta que no están solas, que a otros les suceden las mismas situaciones que a ellos, que tienen alguien que los escucha. Para que eso suceda, el grupo debe estar cómodo, trabajar en un buen ambiente, disfrutar de lo que hace y confiar en la autoridad del que manda. Reconocer fortalezas a los integrantes es clave.

Dice Peter Drucker en su obra *Los desafíos de la administración en el siglo XXI:*[1] "Uno no 'administra' a la gente. La tarea es conducirla y la meta, hacer productivos los puntos fuertes y el conocimiento específico de cada individuo".

---

1. Drucker, P.: *Los desafíos de la administración en el siglo XXI*, Sudamericana, Buenos Aires, 1999.

CAPÍTULO 11

DESAPRENDER PARA APRENDER ES CLAVE

Aprender es la capacidad de incorporar conocimientos nuevos, elaborarlos y transferirlos a la acción de cada día. Es fundamental para mejorar resultados. Cada uno de los integrantes del grupo adquiere información en su experiencia laboral, que almacena para usar cuando sea necesario. Muchas veces, este archivo inconmensurable de aprendizajes no es explotado suficientemente por el líder y el grupo pierde la posibilidad de incorporarlos, transferirlos o reciclarlos.

Para incorporar los nuevos conocimientos es necesario desaprender aquellos que manejaban hasta entonces los integrantes del grupo. Esos conocimientos llevaron a prácticas muy útiles en algún momento, pero quedaron obsoletos o no se adecuan a la evolución propia de la empresa o del mercado.

Incorporar nuevas interpretaciones de los hechos, implica abandonar creencias que hasta ahora resultaron útiles o funcionales.

Los más peligrosos enemigos del aprendizaje son los modelos de pensamiento rígidos y algunas formas de sentir que tienen los grupos; ellos actúan como verdaderas barreras frente a lo nuevo o desconocido. A veces, el grupo las hace explícitas a través de un "vocero" o las hace en conjunto. También puede expresarlas mediante diferentes obstáculos conscientes o inconscientes que manifiestan frente al nuevo aprendizaje.

Un caso típico de resistencia es la que se observa toda vez que una compañía pretende cambiar su sistema de gestión.

Cierta vez trabajamos en una empresa de venta al público con vendedores de muchos años de antigüedad. Estaban acostumbrados a un viejo sistema al que se le habían hecho parches y agregados, pero que en la actualidad resultaba ineficiente.

La empresa contrató un nuevo software de gestión comercial y lo instaló en las computadoras de sus vendedores, sin haber realizado una comunicación clara al respecto.

La lucha entre los empleados de venta y los de sistemas escaló tanto que un día un grupo de vendedores se tomó a golpes en el comedor de la compañía con algunos empleados de sistemas. En ese momento nos llamaron.

Los de sistemas decían que los vendedores violaban el sistema con artimañas de todo tipo, y los vendedores decían que el sistema les hacía perder dinero y demoraba mucho las operaciones.

Nuestro diagnóstico demostró que ambas cuestiones eran ciertas.

El nuevo sistema no permitía que el gerente de una sucursal diera premios a su antojo, el cálculo de las comisiones era distinto y la falta de una buena capacitación de los vendedores hacía que se lentificara enormemente el proceso. Mientras tanto, los vendedores se rebelaban haciendo trampas y malicias inimaginables.

Pedimos al gerente general que hiciera una charla unificadora frente a toda la empresa para que los de sistemas hicieran los cambios pertinentes y que se volviera a capacitar a los vendedores. El sistema mejoró muchísimo pero algunos vendedores seguían quejándose sin fundamento alguno. Era evidente que no querían cambiar.

El nuevo sistema ponía en evidencia muchos errores y vicios; permitía un nivel mayor de control y seguimiento al que no estaban acostumbrados.

Tomamos la decisión de hablar con ellos para mostrarles que el cliente, la empresa y el mercado habían cambiado. Debían ajustarse indefectiblemente al cambio.

Luego, hicimos un entrenamiento grupal donde trabajamos sobre temores, modelos mentales rígidos, diferentes barreras internas y el vínculo con los sistemas.

En el entrenamiento grupal que proponemos, muchas situaciones van a cambiar, porque la mejora es su principal objetivo. Durante este proceso, algunas personas se oponen por diferentes motivos...

Generalmente, quienes se resisten a incorporar los nuevos aprendizajes son:

- Los que creen estar bien con la situación actual.
- Los que llevan demasiado tiempo con las mismas reglas.
- Los que se están por retirar del trabajo.
- Los que no están comprometidos con la organización.
- Los que tienen "miedo" de que la situación empeore.
- Los que no estuvieron encargados de generar el paradigma actual.
- Los que tienen una visión muy corta de las situaciones o no la tienen.
- Los que creen que van a ser perjudicados en sus intereses personales.
- Los que creen que van a tener más trabajo y no quieren.
- Los conformistas.

La "zona de comodidad" en la que la persona o la organización se instalan ofrece seguridad, a pesar que desde ese lugar no se logran los rendimientos creativos esperados.

El entrenador debe ayudar a tomar conciencia de que desaprender es abrirse a la experiencia. Cuestionar creencias que hoy no resultan efectivas. Confrontarlas con la realidad y animarse a modificarlas.

Soportar angustias e incomodidades es clave para que suceda el nuevo aprendizaje y se pueda llegar a la meta vislumbrada. Para eso es fundamental que el entrenador realice "pruebas piloto" sobre la mejora a realizar o la idea creativa a implementar.

Dice Peter Drucker en *Los desafíos de la administración en el siglo XXI*:[1]

> *Si la prueba piloto es un éxito –si descubre el problema pero también las oportunidades que nadie había previsto, ya sea en términos de diseño, mercado o servicio– el riesgo del cambio es por lo común muy pequeño. Y en general también resulta muy claro dónde introducir el cambio y cómo hacerlo, vale decir qué estrategia empresarial emplear.*

---

1. Drucker, P.: *Los desafíos de la administración en el siglo XXI*, Sudamericana, Buenos Aires, 1999.

Siguiendo esta línea de pensamiento, es clave innovar en forma sistémica, pensando en cómo afectará el nuevo aprendizaje a todo el equipo y a los que se relacionan con él.

El entrenador debe generar la idea de que el nuevo aprendizaje es una oportunidad de crecimiento y apertura. También, una necesidad grupal que debe ser atendida por el bien de ellos y la empresa.

Estar abierto al aprendizaje de lo nuevo es una competencia primordial. Posiciona al grupo para ser más efectivo, aumenta su productividad y mejora su calidad de vida. La apertura es hoy la principal ventaja competitiva de los equipos. El futuro pertenece a aquellos que saben cómo ampliar continuamente su capacidad de aprendizaje.

El entrenamiento grupal actúa como un laboratorio: una idea se analiza, se cuestiona, se acepta, se prueba o se abandona. Se practica el circuito: aprender - desaprender - reaprender.

En la actualidad, la "capacidad de aprender" de las personas es más importante que su *know-how*.

Peter Drucker dice: "Hay que superar la arrogancia intelectual y esforzarse en adquirir las aptitudes y los conocimientos necesarios para ser plenamente productivos nuestros puntos fuertes… Deben remediarse los malos hábitos, cosas que hacemos u omitimos hacer y que inhiben la eficacia o el desempeño".[1]

---

1. *Ibidem.*

CAPÍTULO 12

PROBLEMÁTICAS MÁS COMUNES
DE LOS EQUIPOS

Focalizaremos el tema considerando el entrenamiento de un equipo o área, un grupo de jefes, gerentes o directores de distintas áreas o un grupo segmentado de empleados que necesiten mejorar sus rendimientos. Por ejemplo, entrenamos solo una parte de un equipo de ventas o el equipo completo.

Para abordar esta temática comenzaremos por relatar los problemas más comunes de la consulta grupal.

A lo largo de los años hemos visto que son similares las necesidades y dificultades que plantean los equipos en los entrenamientos. Giran en torno a los cinco pilares fundacionales de un verdadero equipo, descriptos en el libro *Aprender a construir equipos*:[1]

---

1. Cañeque, M.: *Aprender a construir equipos*, Temas, Buenos Aires, 2013.

Por lo general, cualquier disminución en el rendimiento de un equipo se presenta asociada a alguno de esos pilares.

Se manifiestan como síntomas y son expresados de la siguiente manera:

- Ausencia de comunicación espontánea.
- Inexistencia de acuerdos productivos.
- Falta de voluntad para compartir información.
- Reuniones poco efectivas: sin agenda, poca participación, discusiones extensas y sin sentido, adopción de pocas decisiones.
- Pobre nivel de compromiso con la tarea.
- Competencia desleal entre los participantes.
- Crítica permanente sin aportar soluciones claras y precisas.
- Objetivos poco realistas.
- Poca fe y confianza entre los miembros.
- Comentarios y sugerencias en tono emocional.
- Ataque a las ideas de los otros, antes de ser completamente expresadas.
- Acusaciones sin entender las cuestiones de fondo.
- Formación de bandos que se disputan el poder.
- Ausencias reiteradas.
- Llegadas tarde / salidas temprano del personal.
- Quejas constantes de líderes hacia los empleados, y viceversa.
- Fechas límite que no son respetadas.
- Discusiones poco importantes que no conducen hacia los objetivos.
- Falta de concentración de los integrantes.

Esto es lo que generalmente observa el conductor del equipo, distinto es lo que realmente está sucediendo. Para averiguar lo que sucede, él deberá indagar hasta llegar a las causas que están provocando esas situaciones.

Es muy común en nuestros entrenamientos recibir equipos que se quejan del poco dinero que les pagan. Luego, cuando hacemos un buen diagnóstico, averiguamos que detrás de esa excusa, en realidad les falta un líder que los guíe, están confundidos acerca de lo que se espera de ellos, no saben hacia dónde va la organización, falta alineación o vínculo efectivo entre ellos... Con el pobre nivel de reflexión que actualmente hay en las empresas, resulta más fácil canalizar la furia, la incertidumbre y la desmotivación a través de excusas simplistas y fáciles, generalmente sustentadas por creencias personales muy arraigadas.

Entre empleados y líderes suelen existir acuerdos *tácitos* e inconscientes que sirven para canalizar sus malestares. Por ejemplo, frente a un problema reiterativo inventan un "chivo expiatorio", sin detenerse a analizar qué es lo que verdaderamente está pasando y cómo deben solucionarlo. Esto no quiere decir que los sueldos no sean bajos, como comentábamos en el ejemplo anterior, pero es probable que no sea la *única* causa de los malestares.

Dice David Bohm, en su obra *Sobre el diálogo*:[2]

> *Si intentamos trabajar en equipo no tardaremos en darnos cuenta de que cada uno de nosotros tiene creencias y opiniones diferentes y de que las cosas no resultan tan fáciles como creíamos y empiezan a complicarse. De hecho, hay quienes se encuentran con este problema en las grandes empresas, donde los altos ejecutivos pueden sustentar opiniones diferentes y, en consecuencia, no pueden trabajar en equipo. Si la empresa no es eficaz comienza a perder dinero y a venirse abajo.*

Posibles causas de las problemáticas de los equipos y sus soluciones

a) Falta de un propósito de equipo

Síntomas

Es muy común observar en los equipos que no tienen una misión o meta a perseguir. Eso hace que ni el trabajo ni las personas tengan un rumbo cierto. No hay una finalidad trascendente que alinee y motive a los empleados.

Una posibilidad es que el propósito exista, pero que los directivos de la organización no lo hayan compartido. También

---

2. Bohm, D.: *Sobre el diálogo*, Kairós, Barcelona, 2012.

puede ser que el gerente del *área* no haya dado un propósito o meta clara a su equipo. Otra posibilidad es que los propósitos sean demasiado intelectualizados y poco prácticos. También puede ocurrir que no sean sentidos por el personal porque no se los ha construido de forma consensuada.

Las nuevas generaciones necesitan más que las anteriores contar con el enunciado de un propósito con el que se identifiquen para sentirse motivadas y comprometidas con el equipo y la empresa.

En *La quinta disciplina,* dice Peter M. Senge:[3] "La formulación del propósito es crucial para la capacidad de liderazgo. Sitúa el propósito de su organización, su razón de ser dentro de un contexto: la pregunta es 'de dónde venimos y adónde vamos' (…) El propósito: brinda un conjunto integrador de ideas que infunde significado a todos los aspectos de la labor del líder".

> *Trabajamos en Brasil con una empresa que no contaba con un propósito. Si bien el grado de motivación del personal era bueno, el nivel de compromiso, identidad y lealtad a la empresa no lo era tanto.*
>
> *Hicimos una actividad outdoor con toda la empresa. Hablamos sobre la importancia de contar con un "Norte". Rápidamente los dividimos en cuatro grupos y los invitamos a crear su propio futuro por medio de un tótem, que reflejara el futuro que querían para la organización. Luego pedimos que se juntaran y entre todos los grupos formaran un solo tótem que integrara todas las ideas. Terminaron bailando a su alrededor, cantando un himno que habían construido con el propósito que estaba escrito en el tótem.*

El propósito es una valiosísima herramienta del management que ha sido mal utilizada en los últimos treinta o cuarenta años. Se confunden los términos de misión y visión, se copian frases de Internet, se escriben enunciados que no motivan a nadie…

Tener un propósito inspira, guía, une, alinea a los miembros del equipo.

Con la palabra propósito definimos un concepto más moderno que integra la misión y visión en un mismo enunciado. Se

---

3. Senge, P. M.: *La quinta disciplina.* Ediciones Granica, Buenos Aires, 1992.

construye por los *líderes* y es consensuado por sus colaboradores. Podrá encontrar más explicaciones en el libro *Aprender a construir equipos*, de Martín Cañeque.[4]

✔ **Pregúntele al equipo:** *¿Sienten que tienen un propósito claro y preciso? ¿Conocen bien el propósito? ¿Lo consensuaron con ustedes, los hicieron participar en su definición? ¿Se sienten identificados con el propósito? ¿Creen en él?*

Soluciones

Para que un equipo tenga un norte y se alinee detrás de él, sus integrantes deben compartir un propósito. Así se sentirán comprometidos y motivados para llevarlo a cabo. Esto puede realizarse de varias maneras; por ejemplo, dándole a cada integrante la posibilidad de escribir el propósito que quiere para su equipo de forma anónima en un papel. Luego, consensuar las ideas entre todos, y hacer que las mejoren y desarrollen.

También es posible pedir a los miembros del equipo que lo escriban en un Post-it y lo peguen en la pizarra, luego se ordenan los Post-it por rubros (por ejemplo, emocionales y racionales) y así se van formando las primeras frases. Luego se juntan todos hasta llegar a ponerse de acuerdo en una frase final clara, precisa y contundente.

Lo importante es que el propósito debe resultar creíble, motivador y desafiante para todos.

☞ **Contar con un propósito de equipo es el puntapié inicial para que sus integrantes estén alineados.**

b) Pobre nivel de liderazgo

Síntomas

Esta es la variable que probablemente más daño haga al equipo. Los integrantes necesitan quien los guíe, coordine, motive, enseñe y contenga. Quien se ponga al frente de una tarea, de una

---

4. Cañeque, M.: *op. cit.*

emergencia, de un cambio significativo... Pero muchas veces el líder no lo hace.

En algunos casos, quien conduce no tiene interés en liderar, ya sea porque no quiere, no le interesa o porque no sabe cómo hacerlo. En otros, cree que está liderando efectivamente, guiado por los comentarios de los colaboradores que quieren quedar bien con él y no por lo que en realidad sucede.

Un equipo sin líder es un grupo sin rumbo, sin reglas de juego claras, sin orden. Inspira muy poco a los empleados.

La influencia del líder radica en ayudar a la gente a ver la realidad de un modo claro, preciso y profundo. Esta actitud resulta potenciadora para sus seguidores.

> *Nos contrató el director de una empresa familiar porque uno de sus equipos presentaba muy malos resultados. Lo primero que le recomendamos fue llevar a cabo un proceso individual de entrenamiento con el líder de ese equipo. No accedió porque no quería invertir dinero en él. Al parecer era un familiar de la esposa que había "tenido que poner ahí" forzosamente, pero que según decía no servía para nada. Su diagnóstico fue duro, pero nosotros no estábamos ahí para juzgarlo.*
>
> *Comenzamos a trabajar con el equipo, invitando al líder a las sesiones. Al principio no asistía, pero a medida que vio que su equipo comenzaba a mejorar, se interesó y comenzó a asistir. Su nivel intelectual y profesional no era el mejor, pero la idea de fortalecer a su equipo lo ayudó a tomar confianza en sí mismo y relacionarse mejor con sus empleados. Por otro lado, estos adquirieron más y mejores herramientas como para no depender tanto del líder. ¡Los rendimientos del equipo mejoraron muchísimo!*

Dice Anselm Grün en su obra *Dirigir con valores*:[5] "Todo el que dirige a otros parte de una determinada imagen del ser humano, la cual determina la imagen que tiene de aquellos a quienes dirige, pero también determina la imagen que tiene de sí mismo".

✔ **Pregúntele al equipo:** *¿Ven/sienten que tienen un líder de equipo? ¿Qué hizo para convertirse en su líder? ¿Qué hizo para que lo siguieran efectivamente? ¿Qué es lo que más valoran de él? ¿Qué más necesitan de él?*

---

5. Grün, A.: *Dirigir con valores*, Sal Terrae, Pontevedra, España, 2005.

Soluciones

Una vez detectadas las problemáticas del que conduce, es conveniente comenzar un proceso de entrenamiento con él, antes o en paralelo con el entrenamiento del equipo. Si él no da señales claras de que reconoce los problemas y se pone al frente de las soluciones, probablemente el equipo no hará cambios significativos.

Reconocer que se cometen errores al liderar es una forma rápida y efectiva de ganar el reconocimiento de los seguidores. Entrenarse en producir la mejora es una manera de ganar autoridad ante ellos.

Si no se puede entrenar individualmente al líder, es aconsejable entrenarlo con el equipo. Si tampoco esto es posible, lo que conviene es proporcionar al equipo las herramientas necesarias para que funcione sin su conductor. Sin embargo, esta última solución es poco recomendable.

Lo concreto es que resulta difícil trabajar un pobre nivel de liderazgo si el propio líder no toma conciencia de sus problemas y no está dispuesto a entrenar las competencias que tiene más debilitadas.

La acción de liderar implica una evaluación constante de los actores, las necesidades y el escenario de cada situación que se presenta. Luego el líder debe diseñar las estrategias adecuadas para ese tiempo y ese lugar. Para dirigir este proceso indefectiblemente se necesita entrenamiento.

> ☞ **El líder es indispensable para el buen funcionamiento del equipo. Sus seguidores detectan rápidamente cuando no cumple su rol.**

c) Objetivos poco claros y precisos

Síntomas

Los objetivos marcan el rumbo. Deben ser claros, precisos, medibles y posibles. Cuando son difusos, poco específicos, demasiados ambiciosos hacen que el trabajo sea caótico, cambiante y sin sentido. En estos casos el equipo sigue a un jefe que da golpes de timón permanentemente. En consecuencia, hace que se vaya perdiendo confianza y credibilidad en el futuro de la organización.

La incertidumbre hace que el equipo se desmotive, no sepa qué se espera de él, hacia dónde va o cuál es el desafío real que debe esperar. Esto suele generar diferencias importantes en el rendimiento de los empleados, ya que el éxito depende más de su propia motivación y preparación que de la persecución de una meta.

Entrenamos un equipo comercial que vendía muchísimo. Eran seis vendedores. El problema radicaba en que uno de los vendedores, referente del mercado, producía el 80% de la venta mientras que los otros cinco tan solo hacían el 20% restante.

Cuando revisamos el trabajo de cada uno de los que vendían poco, descubrimos que no tenían objetivos claros. Ante la consulta sobre sus metas, contestaban: "tenemos que vender". Entonces estudiamos la venta promedio de un vendedor del rubro, fijamos un volumen de venta razonable para el futuro y estimamos objetivos incrementales de venta por cada vendedor. En pocos meses el mejor vendedor cubría el 65% de la venta total del equipo. Este resultado siguió bajando hasta llegar al 50% a fin de año. La venta se diversificó mucho más entre todos. Fijar objetivos había dado un norte a los vendedores. Los había sacado del letargo... y les había dado una dirección. Al final no era tanto que el vendedor más experimentado era mucho mejor, sino que los otros no estaban enfocados.

Es muy común en los países de Latinoamérica encontrar líderes que se escudan en la falta de certezas en cuanto al futuro de sus propios países para no fijar objetivos claros, precisos, desafiantes, motivadores y posibles. Pero suele ser más por la ignorancia que tienen sobre el valor de los objetivos o de cómo elaborarlos que porque sus países son improvisados y poco confiables. Fijar objetivos hace que el equipo tenga claro hacia dónde debe ir, qué debe lograr y qué se espera de él. Permite al líder hacer virajes más rápidos y seguros a la hora de improvisar soluciones.

Seis fieles preguntas definen el camino: cuándo, qué, por qué, cómo, dónde y quién.

✔ **Pregúntele al equipo:** *¿Tiene el equipo objetivos claros y precisos? ¿Estos son conocidos por todos? ¿Se definieron de manera consensuada? ¿Se cumplen en más de un 75%? ¿Hubo cambios/mejoras significativas en el equipo durante el último año?*

Soluciones

El que conduce tiene que compartir sus ideas con el equipo. También proponer que los objetivos se fijen conjuntamente y estén alineados a las estrategias y los propósitos de la organización. El resultado será que los colaboradores los sientan como propios y se comprometan con ellos.

Cerciórese de que los objetivos sean desafiantes, cuantificables, claros y concretos. Pocos, pero buenos y relevantes.

Si en algún momento del año el líder considera la necesidad de cambiar o modificar alguno de los objetivos es vital que, en una reunión, explique a su equipo las razones del cambio.

Los objetivos suelen fijarse en reuniones de equipo, luego se presentan a la dirección y se aprueban con las modificaciones correspondientes.

Tan importante como fijar buenos objetivos, es comunicarlos de forma adecuada. Por lo general se comete el error de creer que todos los conocen y los entienden, cuando en verdad no es así. Proponemos realizar una reunión de equipo en la que se debatan los objetivos y la forma de llevarlos a cabo. Luego, recordarlos cuantas veces sea posible durante la tarea,.

> ☞ **Un equipo con objetivos claros sabe adónde va y se alinea detrás de esa meta.**

d) Ausencia de un orden compartido de valores

Síntomas

Los empleados, en general, no tienen claridad sobre los valores que sustenta el equipo o la empresa. Esto puede deberse, por ejemplo, a que haya más de un dueño con valores distintos u opuestos entre sí, a que nunca se los haya fijado, a que se los ordenaran pero no se les dio importancia, a que los valores fueron reconocidos siguiendo una moda efímera, a que fueron impuestos desde afuera, etc.

Todas estas cuestiones desequilibran al equipo, producen incoherencias, injusticias y falta de equidad. Se plantea un equipo sin orden, donde cada uno tiene y defiende valores distintos.

Este choque de valores provoca malentendidos, subgrupos, luchas de poder, juicios y críticas improductivas. Se dividen entre los que defienden unos valores y los que defienden otros. No hay reglas de juego claras.

Los valores son los reguladores de la conducta del grupo; le dan un orden, marcan los límites de lo que se puede y lo que no se puede hacer en la empresa. Hablan de cómo es la organización y cómo deben comportarse sus empleados. Ayudan a la hora de seleccionar nuevo personal, a evaluar la conducta de un empleado, a mostrar a los clientes a quienes están contratando, a establecer reglas claras con los proveedores, a posicionarse en el mercado…

Dice Anselm Grün, en *Dirigir con valores*:[6] "Para mí, la descripción de los valores y las virtudes básicas de la vida humana son como directrices para dirigir. La confección de ejercicios concretos para aprender a dirigir con valores y practicar una forma humana de dirección es una empresa fascinante".

Una empresa mediana de unos 400 empleados, nos contrató para diagnosticar por qué en su equipo de ventas había tan mal clima de trabajo. En los encuentros con el personal detectamos rápidamente que la mayoría de los vendedores no estaban de acuerdo con la forma en que su jefe realizaba las ventas. Al parecer, utilizaba todo tipo de artilugios y engaños para "encajarle" el producto a los clientes. También generaba entre los miembros del equipo inequidades, favoritismos y malestares de todo tipo. Tenía un estilo de conducción paternalista, del modelo: "divide y triunfarás".

Llevó dos meses construir con el gerente general y el resto de los empleados un listado con los valores que querían para la empresa. Luego trabajamos con los vendedores sobre la forma de llevarlos a cabo dentro del equipo y con los clientes. A pesar de ese trabajo, el jefe seguía violentándolos como si no le importara o no conociera otra forma más que la propia de vender y de conducir a sus empleados. Un día, vino a pedir ayuda porque los empleados se habían reunido con él y le habían dicho claramente que no aprobaban sus técnicas y no querían seguir trabajando así. Comenzamos a trabajar con todos en la incorporación del nuevo

---

6. Grün, A.: *op. cit.*

orden de valores involucrando al jefe. Se fue adaptando lentamente, hasta que al final pudo ordenar sus propios valores de una forma más ética y productiva.

✔ **Pregúntele al equipo:** *En su equipo/empresa ¿están los valores formulados en forma clara y precisa? ¿Están escritos? ¿Son bien transmitidos? ¿Fueron consensuados y aceptados por ustedes? ¿Cómo se los recuerda o difunde en el día a día?*

Soluciones

Es imperioso comenzar a hablar de esta temática, llevar claridad acerca de lo que son los valores, sus características, para qué sirven y cómo afectan positivamente al desarrollo de la vida laboral.

Por ejemplo, se puede dividir al grupo en dos y dar a cada grupo la consigna de elaborar un país en el que reinan los valores y otro país en el que imperan los contra valores. Luego, sacar conclusiones sobre los beneficios de considerar los valores para dirigir las conductas grupales.

Tener una lista de valores claros, definidos y consensuados por todos ayuda a adoptar la identidad del equipo. Esto es muy necesario para que los colaboradores se sientan comprometidos y alineados. La sinergia positiva crece.

Al igual que el diseño del propósito, el diseño de los valores puede realizarse de diferentes maneras. Lo más importante es que, primero, cada uno pueda trabajar sobre sus propios valores y luego los comparta con los demás.

La unificación de los valores (justicia, servicio, honestidad, etc.) es una práctica que se puede hacer en un collage, arcilla, alambre, papel... Con estos materiales se construye un barrilete, un tótem, una tabla con mandamientos o esculturas de las más diversas formas que contengan los valores que antes se han escrito.

☞ **Los valores son los cimientos sobre los que se construye un verdadero equipo. Le dan identidad, orden y equilibrio.**

e) Pobre espíritu afiliativo o de unión

Síntomas

En las empresas se observa muy frecuentemente que los compañeros de trabajo están divididos, no se ayudan o colaboran, no comparten actividades, se acusan entre sí, cada uno está concentrado en sus propios intereses, la comunicación entre ellos no es clara y precisa. Esto puede suceder por las propias divisiones internas provocadas por el jefe, porque históricamente se han formado subgrupos, porque al equipo le falta un norte claro, etc.

Es común que se culpe a un empleado negativo o manipulador, a un acontecimiento ocurrido en la empresa, a la falta de motivación de algunos empleados... Esta posición anula la búsqueda de datos sobre los problemas y la formulación de soluciones creativas. Por lo general, lleva al grupo a conformarse con lo que sucede.

Con frecuencia se observa la falta de unión entre dos o más áreas de la empresa. Puede tratarse de gerentes que llevan a sus equipos los problemas que tienen entre ellos. También, que el gerente general no haya marcado un rumbo preciso ni haya dejado en claro la alineación que espera entre las áreas. O que haya dejado que el personal cayera en un estado de desaliento generalizado.

Estas situaciones traen aparejado un mal clima, alta rotación y trabajo a desgano. Los empleados no solo buscan obtener un sueldo, sino fundamentalmente establecer vínculos, disfrutar, apoyarse en los demás, pertenecer.

En una oportunidad nos solicitaron intervenir en un equipo de gerentes de primera línea que no lograban buenos resultados corporativos. Si bien el trabajo de sus áreas era bastante bueno, los objetivos que tenían en conjunto nunca se cumplían. No había sentido de camaradería ni colaboración, mucho menos sinergia positiva entre las áreas.

Propusimos realizar una reunión de status en la que cada gerente, acompañado de un par de colaboradores, presentara su área a los demás en 20 minutos. Debía contar lo que hacían, cuáles eran los beneficios que aportaba a la empresa y qué necesitaba de las otras áreas. Fue increíble ver cómo muchos de los participantes entendían por primera vez lo que hacían los demás y lo que necesitaban de ellos. Ayudó mucho para que cada uno se pusiera en el lugar de los otros y, con eso, bajara el nivel de crítica generalizado.

Poco a poco, en cada reunión que hacíamos mensualmente, colaboradores y líderes de cada área ofrecían su ayuda para resolver problemas de las otras.

La división entre las áreas fue desapareciendo. Todos comenzaron a ayudar a los demás. El nivel de sinergia positiva y la colaboración crecieron ostensiblemente.

✔ **Pregúntele al equipo:** *¿Están alineados los miembros del equipo? ¿Lo están también con las otras áreas de la empresa? ¿Cuál es el rol del líder frente a la falta de alineación?*

Soluciones

Sugerimos que quien conduce reúna su equipo y pida a cada integrante que escriba: ¿cuál es la misión de la organización?, ¿cuáles son los objetivos del equipo?, ¿cuál es su rol dentro del equipo? Por medio de estas respuestas podrá constatar fehacientemente cuán alineados están sus integrantes.

Es imperioso, para mejorar la alineación, que en las reuniones de grupo se ponga énfasis sobre la importancia de la solidaridad y sus beneficios. También debe instruirse sobre lo negativo de su ausencia.

El líder debe reconocer las acciones que reflejen solidaridad. En todo momento tiene que favorecer aquellas iniciativas que profundicen el nivel de compañerismo: salidas sociales fuera del horario laboral, festejos mensuales de cumpleaños y nacimientos, celebración de algún logro del equipo, viajes o excursiones. Además, es muy productivo disponer, los días lunes, de un minuto para que cada colaborador cuente y comparta en ronda algún acontecimiento positivo sucedido durante los días pasados.

La afiliación o unión entre los miembros del equipo es el "pegamento" que hace sortear positivamente los momentos de crisis. Logra que se apoyen incondicionalmente y que se sostenga el buen clima de trabajo. La responsabilidad primaria para que esto ocurra es del líder. Él es quien debe generar las condiciones.

Transcribimos un texto de R. Bebermeyer, citado por Marshall B. Rosemberg en su obra *Comunicación no violenta*:[7]

> *Jamás siento que recibo tanto*
> *como cuando aceptas algo de mí*
> *cuando comprendes*
> *la alegría que siento*
> *al dártelo.*
> *Sabes que mi ofrecimiento*
> *no busca que estés en deuda conmigo,*
> *sino vivir el amor*
> *que siento por ti.*
> *Recibir con gracia*
> *quizá sea la mayor forma de dar*
> *No puedo separar una cosa de la otra.*
> *Cuando tú me das algo,*
> *yo te doy al recibirlo.*
> *Cuando tomas algo de mí,*
> *siento que soy yo quien recibe.*

Con respecto a la alineación entre áreas, lo primero que se debe trabajar es la toma de conciencia de las dificultades propias de cada área: lo que hace mal o deja de hacer. También deben conocer más profundamente lo que hacen las demás áreas, el porqué de sus negativas, de sus faltas de cumplimiento o de compromiso en general. Lo más efectivo para estos casos es realizar reuniones periódicas de status entre áreas.

> ☞ **La afiliación dentro del equipo promueve mejores vínculos y una interdependencia más efectiva.**

f) Falta de confianza entre el líder y sus colaboradores

Síntomas

Si el líder no tiene confianza en su equipo, seguramente no delegará tareas ni otorgará autonomía. Por lo tanto, el equipo no cre-

---

7. Rosemberg, M. B.: *op. cit*

cerá. Un líder que no confía en su equipo es solamente un jefe. La confianza es la que construye efectivamente los vínculos. Su ausencia provoca incertidumbre, deslealtad e improductividad.

Si los colaboradores no confían en su líder, tampoco estarán interesados en crecer. Buscarán otros horizontes, sabotearán los designios del líder o se esconderán detrás de tareas rutinarias y poco comprometidas.

En ambos casos el equipo tendrá bajo nivel de rendimiento.

La confianza se genera al tener fe y fidelidad en el otro. Desde la antigüedad todo contrato entre artesanos requería estos dos ingredientes. Cuando esta fórmula todavía estaba en vigor, no se necesitaban contratos jurídicos que regularan hasta el más mínimo detalle como sucede hoy. Cabía confiar en el otro y en su obrar. La fidelidad y la fe posibilitan relaciones comerciales fiables y una cultura saludable de convivencia empresarial.

> *Cuando trabajamos con una empresa multinacional en México experimentamos varias veces la poca confianza de los líderes hacia sus empleados. Hablaban continuamente de la falta de lealtad de sus seguidores. Sabían que estos, a sus espaldas, hacían comentarios negativos sobre sus liderazgos.*
>
> *En cierta ocasión, un directivo consultó sobre por qué sus reportes directos no confiaban en él. Respondimos preguntándole si él confiaba en sus reportes. Su respuesta casi intuitiva fue que sí. Entonces preguntamos si les delegaba tareas importantes, si les daba autonomía para tomar decisiones, si dejaba a alguno de ellos al frente cuando él se ausentaba... A la quinta o sexta pregunta, comprendió que no solo no les tenía confianza, sino que además ellos lo sabían.*

El líder, sin lugar a dudas, por la posición que ocupa en su equipo, es quien debe crear las condiciones necesarias para que fluya la confianza en el grupo. Si no demuestra con hechos su grado de confianza hacia los seguidores, estos nunca confiarán en él.

✔ **Pregúntele al equipo:** *¿Confían en el líder y en los demás miembros del equipo? ¿Confían en todos por igual? ¿Qué síntomas de falta de confianza ven en el equipo? ¿Qué necesitan para confiar más?*

Soluciones

La problemática de la falta de confianza no debe ser descuidada. Es la que lleva al líder a controlar en exceso, lo cual a la larga genera peores resultados imposibles de controlar. Termina fabricando diariamente excusas para resolver *él mismo* casi todos los problemas.

El líder debe trabajar las causas de por qué no tiene confianza en sus seguidores. Es imprescindible que, en primer lugar, trabaje la confianza en sí mismo. Luego, saber qué es lo que hace o deja de hacer para que sus seguidores no confíen en él.

Debe preguntarles abiertamente a ellos sobre la falta de confianza. También efectuar pequeñas acciones diarias que demuestren un cambio en su conducción. Se trata de que abra espacios para que sus seguidores puedan tomar decisiones, permitir que se equivoquen, que aprendan de sus errores y se incentiven para corregirlos.

No debe culparlos ni juzgarlos por sus equivocaciones. Estas maniobras aumentan la desconfianza en los colaboradores.

Es bueno recordar otro diálogo entre maestro y alumno del libro *Un minuto para el absurdo* de Anthony de Mello:[8]

> *Dijo el alumno: —Me enorgullezco de saber juzgar el carácter de los demás.*
> *—¿Es eso algo de lo que realmente se pueda estar orgulloso? —preguntó el maestro.*
> *—¿Acaso no lo es?*
> *—No. Hay un defecto que es común al juez bueno y al juez malo: tanto uno como el otro juzgan.*

☞ **La confianza es el pegamento que une los equipos. Los hace más felices y productivos.**

g) Mal clima de trabajo

Síntomas

Para una empresa, es difícil hoy conseguir y mantener al personal si en el equipo existe un mal clima de trabajo. Las causas más

---

8. De Mello, A.: *Un minuto para el absurdo*, Sal Terrae, Santander, 2006.

comunes del mal clima son: falta de objetivos claros, no están bien definidos los valores, algún miembro del equipo se dedica a generar mal clima, no se ven horizontes de crecimiento profesional, el líder no capacita a sus seguidores, los problemas se repiten y no se resuelven, faltan conocimientos específicos...

Solo el líder que está reconciliado consigo mismo y reconoce sus fortalezas puede fomentar buenas relaciones entre sus seguidores. Aquel que está internamente dividido, dividirá a su vez a quienes trabajan con él. La división interior y la confusión se transmiten al propio equipo. Cuando entre los seguidores hay disputas, peleas, agresiones, incertidumbre, quejas, el que dirige debiera preguntarse una y otra vez si no es él quien irradia ese clima. Es común en la Argentina observar malos climas de trabajo debido a la lucha de poder que se genera entre los delegados sindicales y los líderes de las empresas. También entre los empleados que están dentro y fuera de convenio. Si bien es muy negativo que eso suceda, lo real es que hay que resolverlo.

En una empresa multinacional, los máximos responsables, que eran japoneses, no entendían por qué se producía este malestar entre los grupos. Casi a ciegas, nos contrataron para intentar cambiar el clima.

Decidimos organizar una gran fiesta de Fin de Año: ocasión ideal para festejar unidos. Pedimos a los representantes de cada grupo que ayudaran con la organización. De a poco fuimos integrando todo el personal de la planta, dándoles pequeñas tareas para la gran fiesta. Invitamos también a las familias.

Unos diseñaban las tarjetas de invitación, otros pintaban carteles y pancartas, otros hacían dos pasacalles, otros diagramaban las actividades de la fiesta y dos grupos prepararon los shows que ellos mismos hicieron.

Al principio muchos desconfiaban de la iniciativa. Luego se mezclaron tanto que ya no sabían de qué lado estaban. Se divirtieron y se comprometieron muchísimo con la propuesta, y así, trabajando codo a codo con una meta común, pudieron conocerse desde otro lugar y dejar de lado sus asperezas.

No se divisaban bandos, eran todos de un mismo equipo. Terminaron bailando disfrazados de animales de la selva. ¡Fue realmente motivador e integrador!

A la semana siguiente, el clima institucional había mejorado ostensiblemente.

✔ **Pregúntele al equipo:** *¿Hay buen clima de trabajo en el equipo? ¿Cómo lo detectan? ¿En qué momentos se puede generar un mal clima? ¿Qué causas provocan mal clima? ¿Habló el líder abiertamente de la existencia de un mal clima con sus empleados? ¿De qué recursos se dispone para mejorarlo?*

Soluciones

Los empleados buscan un lugar agradable y distendido para trabajar. Quieren crecer y entablar vínculos con los demás.

Lo primero que debe hacerse es relevar las causas del mal clima de trabajo; en lo posible, circunscribirlo a una o dos causas concretas. Si el líder es parte del problema, lo mejor es convocar a un experto externo para que lo ayude.

También hay que detectar si la causa del deterioro del clima se debe a una situación concreta, a un integrante, a un cambio abrupto, al líder... Todas son situaciones distintas y deben ser tratadas de forma diferente. Después de detectar las causas hay que hacer un plan de trabajo con las acciones que permitan mejorar el clima.

Siempre son buenas las acciones de integración: *outdoors*, reuniones sociales, celebraciones, rituales... Contribuyen a que el personal se conozca mejor, trabaje más cómodo y se apoyen los unos a los otros.

Cuando realice estos encuentros póngase de ejemplo, mezcle a los integrantes, actúe y no le dé entidad a quienes tratan de separar. Confíe en la simpleza y en la virtud de las personas. ¡Ellas lo sorprenderán!

> ↝ **Hoy la empresa se "vive". Si queremos conducir buenos equipos, sus integrantes deben sentirse cómodos y felices.**

h) Falta de herramientas de gestión

Síntomas

La falta de recursos es frecuente en las empresas, inclusive en las de mayor tamaño. Muchas veces no cuentan con las herramientas necesarias para la organización, planificación o control del trabajo. Otras veces las tienen, pero no las valoran o no quieren invertir en desarrollarlas, no saben cómo utilizarlas. Estas dificultades generan muy bajo nivel de productividad.

La falta de herramientas de gestión hace que la información se concentre en unos pocos, la conducción de los equipos se vuelva caótica y la gestión diaria sea muy improvisada.

Hoy, aprender lo nuevo es clave.

Dice Rafael Echeverría en su libro *La empresa emergente*:[9] "La empresa debe estar permanentemente aprendiendo como parte de su quehacer cotidiano (...) En el pasado hablábamos de aprendizaje cuando detectábamos un "algo" que requería ser aprendido. En la actualidad ello se ha invertido. El aprendizaje es una disposición básica que está buscando, inventando, lo que requiere ser aprendido y que, como disposición, debe estar presente incluso antes que asome lo que se aprenderá".

Un cliente de apenas 23 años se había hecho cargo de la empresa familiar. Su novia lo convenció de que nos llamara, y así lo hizo. La situación era muy compleja ya que hasta entonces su padre había "comandado el barco" con un estilo muy personalista. Suplantaba las herramientas de gestión con intuición y su maestría para la venta, pero le faltaba información importante para la toma de decisiones. El hijo, en cambio, quería construir una empresa más racional y menos caótica.

Lo primero que hicimos fue crear una estructura acorde, delinear las funciones de cada área, la descripción del puesto de cada empleado, los procesos y políticas básicas que debían seguir.

Comenzamos a diseñar con él herramientas de información, de gestión de todo tipo: comerciales, financieras, de RRHH, de producción... Luego diseñamos herramientas muy prácticas de control: de stock, de calidad, de recepción de la mercadería, de ausentismo...

Poco a poco aprendió a utilizarlas. Luego comenzó a enseñárselas al personal. Algunos empleados, acostumbrados a trabajar de una manera desordenada, improvisada y sin control, no pudieron acostumbrarse y se fueron de la empresa.

---

9. Echeverría, R.: *La empresa emergente*, Ediciones Granica, Buenos Aires, 2011, pág. 87.

Los que pudieron cambiar su paradigma y se quedaron llevaron la empresa a sus mayores niveles históricos de ventas. Hoy nuestro cliente maneja su compañía como lo hace un piloto de avión: con la ayuda de modernos instrumentos de información.

✔ **Pregúntele al equipo:** *¿Qué herramientas de gestión utilizan en el equipo? ¿Son efectivas? ¿Cuáles falta implementar? ¿Qué errores creen que cometen por falta de información? ¿Con qué indicadores les gustaría contar? ¿Qué podría mejorarse en el control?*

Soluciones

El concepto actual de equipo, que se maneja en los principales países del mundo, involucra una serie de herramientas de planificación, organización y control. Ellas son indispensables para la gestión. Propician la mejora continua de los procesos y la calidad. Hoy están disponibles en Internet y son de fácil aplicación. Dice Peter Drucker:

A diferencia de las tecnologías del siglo XIX, las actuales ya no corren en paralelo como lo hicieron aquellas. Se cruzan constantemente en todas las direcciones. Permanentemente, algún elemento tecnológico del que los integrantes de una industria determinada apenas están enterados (…) revoluciona una industria y su tecnología (…) Esas tecnologías exteriores fuerzan a una industria a aprender, adquirir, adaptar, cambiar su mentalidad misma, para no hablar de su conocimiento técnico.[10]

Es imprescindible que el entrenador entienda que cada herramienta debe ser diseñada y transmitida, teniendo en cuenta la curva de aprendizaje de cada líder y de su equipo. Algunos aprenden muy rápido, otros demoran más. Apurar, presionar u obligar no es una buena idea. Hace que las personas que deben implementar el cambio se cierren o retraigan.

En cada sesión de trabajo, el entrenador debe presentar una herramienta nueva o trabajar en el perfeccionamiento de alguna ya existente. Las herramientas son clave en el proceso de entrenamiento.

---

10. Drucker, P.: *Los desafíos de la administración en el siglo XXI*, Sudamericana, Buenos Aires, 1999.

Puede encontrarse herramientas específicas en el libro *Aprender a construir equipos.*[11]

☞ **No se concibe, en el siglo XXI, que las empresas no dispongan de las herramientas adecuadas para su gestión.**

i) Mantener paradigmas improductivos

Síntomas

Los paradigmas son modelos de pensamiento acerca de ciertos aspectos del trabajo que comparten el líder y su equipo. Sirven para que ellos actúen en consecuencia.

Algunos de estos paradigmas son positivos: creer que el producto debe estar perfecto o que el cliente siempre tiene la razón. En cambio, otros son negativos: creer que la competencia es el peor enemigo o que es más importante resolver las urgencias que cualquier otra cuestión. Sosteniendo los modelos negativos, el equipo y la organización dejan de evolucionar y pierden oportunidades que seguramente otros sabrán aprovechar.

En los equipos, es habitual encontrar paradigmas que en algún momento de su historia o de la vida de la empresa fueron exitosos, pero que hoy se han vuelto improductivos. Es necesario detectarlos, aceptarlos y cambiarlos si pretendemos que el equipo se mantenga a lo largo del tiempo.

Una vez más relataremos la experiencia de una empresa durante la implementación de un nuevo software. Muchos creen, erróneamente, que lo más difícil es adaptar el nuevo sistema a las necesidades y recursos de la empresa. Sin embargo, lo más desafiante es, sin lugar a dudas, cambiar los paradigmas del personal.

Participamos en una reunión de directorio de una importante empresa. Se discutía sobre los tiempos de implementación de un software costosísimo que ya habían comprado. Plantearon dudas sobre los recursos financieros con los que contaban para el proyecto. Hablaron del estado de las computadoras disponibles, la consultora de sistemas que contratarían, por qué área comenzaría el proceso, etc. Para nuestro asombro, en

---

11. Cañeque, M.: *op. cit.*

más de ocho horas de reunión maratónica nadie pensó en el personal que debía trabajar con el nuevo software.

La conclusión a la que arribaron fue que el software se podía implementar en cuatro meses.

Casi al terminar, dijimos que íbamos a tomarnos unos minutos para tratar de ponernos en el lugar de los empleados, ya que alguien debía representarlos y velar por ellos. Si bien la propuesta no agradó, nos dieron ese tiempo.

Hicimos preguntas simples acerca de cómo pensaban llevar adelante la gestión del cambio.

Al cabo de unos treinta minutos, el presidente con buen tacto nos preguntó:

—¿Creen que vamos a demorar más de lo estimado en la implementación?

A lo que le contestamos:

—Depende de cómo la quieran hacer: teniendo en cuenta o no al personal. Si desean hacerla con el personal, deberán tener en cuenta sus ritmos, relevar la cantidad de paradigmas asociados al viejo sistema y a lo que provoca la implementación de uno nuevo, más los temores que genera todo cambio. También habría que preparar una campaña de comunicación clara, honesta y abierta. Esto llevará por lo menos tres meses, pero dejará un diagnóstico claro de los tiempos que necesita la empresa para hacer el cambio. Luego, habría que incorporar el material relevado al plan que han armado y evaluar nuevamente los tiempos de manera más racional. En definitiva, creemos que todo el proceso llevará un año.

Nos miraron incrédulamente, como desconfiando de nuestra exper-
tise y de la propuesta.

Después de unos segundos, el presidente nos preguntó:

—¿Y si no tuviéramos en cuenta todo lo que ustedes dicen, qué podría suceder?

Entonces, respondimos:

—Les va a llevar uno o dos años. Tendrán que repetir varias veces la capacitación. El personal no ayudará, boicoteará el sistema como pueda, y algunos hasta dejarán la compañía por el caos ocasionado.

Por desgracia no siguieron nuestro consejo y contrataron a una consultora en sistemas sin demasiada experiencia que prometió lo imposible.

La implementación completa del sistema llevó casi tres años. Muchas personas migraron a otras empresas porque no aguantaron el destrato. Se vivieron momentos caóticos. Finalmente, el director de sistemas y treinta personas de su equipo fueron despedidos para descomprimir la situación. Pagaron un precio muy alto por no haber tenido en cuenta lo más importante: a sus empleados.

En este caso observamos algunos paradigmas improductivos: "es más importante el sistema que las personas", "la inversión solo hay que hacerla en el software", "la gente tiene la obligación de utilizar correctamente el nuevo sistema", "los tiempos pueden planificarse sin tener en cuenta el impacto que genere el cambio".

Dice Joseph Campbell, en *Reflexiones sobre la vida*:[12] "Si quieres avanzar, debes librarte de todas las ideas fijas".

✔ **Pregúntele al equipo:** *¿Qué ideas detectan en el equipo que se usan y que hoy no funcionan? ¿Observaron modelos de pensamiento parecidos a este: "siempre se hizo así"? ¿Qué procesos no se animan a cambiar? ¿Por qué? ¿Qué mejoras traería cambiarlos?*

Soluciones

Una forma adecuada de cambiar paradigmas improductivos es proponer el tema en una reunión de equipo. Primero, se enseñará el concepto de paradigma y se proporcionarán ejemplos de paradigmas improductivos en el tiempo presente.

Luego se formarán dos subgrupos para que identifiquen paradigmas negativos (los que les impiden ser más creativos o productivos). Para finalizar, se juntará el material trabajado por los subgrupos y se seleccionarán los paradigmas negativos *más importantes*. Solo resta hacer un plan efectivo para mejorarlos.

Aconsejamos escribir un paradigma negativo en cada hoja de rotafolios y colocar abajo las acciones, los responsables y los tiempos en que se llevarán a cabo las acciones para cambiarlos.

Finalmente, sugerimos compartir lo realizado con todo el equipo y trabajar los temores que los participantes tienen para hacer esos cambios. También las diferentes formas de hacerlo, a

---

12. Campbell, J.: *Reflexiones sobre la vida*, Emecé, Buenos Aires, 1995, pág. 201.

quiénes deben influenciar para producir el cambio, qué resultados habría que demostrar, etc.

No intente cambiar un paradigma solamente porque a usted se le ocurre. Recuerde que está tocando cimientos del equipo y este puede sentirse perturbado. Solo podrá cambiarlo si planifica muy bien, demuestra que el cambio va a ser positivo y predice resultados posibles y rápidos. Si no lo hace de esta manera, no permitirán el cambio.

Lo más importante: el líder y los colaboradores deben ser los principales *sponsors* del cambio, no el entrenador.

> ☞ **Cambiar paradigmas negativos es la forma más económica de lograr mejores resultados.**

j) Definición inadecuada de roles

Síntomas

A veces el equipo creció de manera caótica y cada integrante tomó el rol que le dieron sin recibir inducción o capacitación para el puesto. Otras veces se observa que el líder tiene un estilo de gestión improvisado y va asignando roles y tareas según sea la urgencia. También es frecuente encontrar organizaciones donde no se han definido claramente los roles y las funciones porque sencillamente no los saben hacer.

En todos los casos, los empleados ignoran qué se espera de ellos, qué tareas deben efectuar, cuáles son las actividades que hacen sus compañeros y hasta dónde llegan las funciones de cada uno. Terminan por hacer lo que pueden, quieren o piensan que pueden hacer. Esta forma de trabajo trae sobretrabajo, roles superpuestos, tareas que no hace nadie, corrupción y efectos aún peores.

Dice Aldo Schlemenson, en su obra *Remontar las crisis*:[13]

> *Para combatir la corrupción se necesita introducir el principio de la* accountability *gerencial (…) Se destaca la metodología que propende*

---

13. Schlemenson, A.: *Remontar las crisis*, Ediciones Granica, Buenos Aires, 2007.

a una evaluación clara de la estructura organizativa, conducente a una definición inequívoca de cada rol en ella. Para ello la definición de las responsabilidades propias de cada rol, y en especial de los roles gerenciales o de jefatura, constituye una herramienta fundamental para desarrollar la efectividad".

La estructura de una organización funciona como el esqueleto del cuerpo humano. Los puestos actúan como los huesos y los procedimientos como las articulaciones. Por ejemplo, el codo amplía la dirección del brazo, pero para que este pueda tomar un objeto debe conectar con el movimiento de pinza de la mano.

Una empresa multinacional nos contrató en Caracas para revisar su estructura. Tenían un nuevo director de RRHH muy orientado a resultados, por lo que rápidamente nos pusimos en acción. En el diagnóstico, al que llegamos tras un relevamiento de las áreas, encontramos que nadie tenía en claro lo que debía hacer. Aprendieron ocasionalmente las tareas de sus puestos. Los líderes distribuían las nuevas tareas a medida que se necesitaban. También existían tareas solapadas, duplicadas, y otras que nadie hacía. Esto traía un nivel de ineficiencia sorprendente, al punto de generar trabajo improductivo en todas las áreas.

Comenzamos por rehacer los roles de los empleados, las descripciones de sus puestos para establecer mecanismos de sinergia entre los compañeros de las distintas áreas. Al año de comenzar este trabajo, se había reducido en casi un 20% el personal y llegaron a duplicar la productividad.

No definir claramente los roles permite que unos hagan el trabajo de otros, existan diferencias entre el esfuerzo o la carga de responsabilidad de los integrantes, algunos se "escondan" detrás de un escritorio, nadie se haga responsable de los errores y aumente el conflicto de poderes. En todos los casos, el líder es el principal cómplice de esta situación. Debe ayudarlo a cambiarla rápidamente para evitar *más* malestares, nuevas injusticias y bajos rendimientos en su equipo.

✔ **Pregúntele al equipo:** *¿Quién ha definido los roles en el equipo? La estructura ¿se ha construido de manera formal? ¿Están* *por escrito los puestos y las funciones? ¿Los empleados los conocen, entienden, cumplen y respetan? ¿Presentan algún tipo de malestar con respecto al respeto de los puestos?*

Soluciones

Se debe diseñar la descripción de puesto de cada empleado sobre la base de lo que el área necesita. No debe tenerse en cuenta lo que una persona hace actualmente ni sus capacidades o gustos. Es importante armar el puesto y después ubicar a la persona en *él*. La nueva estructura debe ser comunicada al personal de forma adecuada. Por último, debe ser controlada mensualmente, para constatar que el empleado no se desvíe del rol que le fue asignado.

Primero, es vital trabajar sobre el rol y la descripción del puesto con el gerente de área. Revisar de qué manera mejorar el flujo de trabajo de su personal. Luego, terminar de definirlo junto a los empleados para que se sientan "parte" del proceso y se comprometan con la tarea.

Una vez que la estructura esté bien definida y cada uno sepa lo que debe hacer y cómo llevarlo a cabo, recién entonces podrá generarse sinergia entre los empleados, las rotaciones de puestos, la detección de las mejoras en los procesos y otros cambios.

Para lograr esto, el entrenador debe contar con diferentes modelos de Descripciones de Puesto, así como de estructuras, para poder orientar al líder y su equipo.

☞ **Los roles claros y definidos generan equipos organizados, sanos y productivos.**

k) Doble discurso de los líderes

Síntomas

En la actualidad, el doble discurso de los que dirigen es muy frecuente en las empresas. En las crisis como las que atravesamos internacionalmente, se observan líderes de diferentes procedencias que "lo que dicen y hacen" no coincide con "lo que sienten y piensan".

La mayoría de las veces ellos no tienen conciencia de esta incoherencia. Lo que es más grave aún es la forma en que se comunican con sus seguidores: mensajes poblados de datos disociados, confusos, ambiguos, contradictorios, pobres...

El presidente de una compañía importante nos consultó porque había descubierto que los directores no le creían. Estaba indignado y, a la vez, sorprendido. Cuando abordamos el tema con los directores, denunciaron que a menudo las acciones del presidente se contradecían con lo que pregonaba. Por ejemplo, al día siguiente de comunicarles una reestructuración que deberían hacer para paliar un bajón de ventas de la empresa, él apareció con un flamante auto importado comprado con dinero de la compañía. El valor del vehículo era de unos 70.000 dólares.

Cuando le mostramos al presidente su mensaje contradictorio, confesó que había conseguido el auto por leasing y que se descontaba de los impuestos de la empresa. Si bien el presidente estaba en lo cierto, y en verdad no había afectado a los costos de la empresa, lo real es que su mensaje resultaba discordante y muy inadecuado el momento de la compra.

En tiempos de cambio vertiginoso, como el actual, resulta difícil no caer en incoherencias. Muchas veces al líder le cuesta explicar correctamente las transformaciones rápidas que le exige el contexto. Otras veces, influenciado por sus propias dudas, cambia de parecer muy rápido sin comunicar al equipo las causas de dicha modificación.

Siempre ha sucedido que cuando las acciones se alejan de las ideas, traen problemas y daños a la organización.

Dice Peter M. Senge en *La quinta disciplina*:[14]

Los directivos de una organización demuestran una alarmante tendencia a alejarse de la realidad y de los hechos, a realizar hipótesis y conjeturas sin ningún fundamento formal de sus teorías. La mayor manifestación de la falacia de esta dicotomía entre "pensadores" y "hacedores" fue la moda de los 60 de crear planificadores estratégicos apartados del personal operativo.

---

14. Senge, P. M.: *op. cit.*

- **Pregúntele al equipo:** *¿Qué incoherencias en los mensajes del líder le reprocha el personal? ¿Por qué incurre en ellas? ¿Qué consecuencias tienen esas incoherencias en el personal? ¿Qué podría hacer para cambiar su doble discurso? ¿Qué dobles discursos hay entre los colaboradores?*

Soluciones

Cuando se transmite un mensaje al personal, cada acción indicada en él debe estar alineada con el objetivo que este persigue.

Recomendamos que ante una reestructuración, cambio de rumbo, reducción de costos o cualquier otra decisión sensible para la organización solo uno de los gerentes sea el contralor de que las acciones tomadas estén alineadas con la propuesta. También que se oculte la menor cantidad posible de información al respecto.

La más adecuada y rápida comunicación en este tipo de casos es fundamental para evitar malentendidos. Distribuir informalmente un mensaje ambiguo es desmotivador y perturba al personal.

Si el líder fue incoherente con alguna decisión que tomó o cometió algún error, simplemente debe reconocer el error y pedir disculpas. Debe hacerlo rápido y de una manera sentida y honesta.

El doble discurso del líder es uno de los problemas más comunes con los que puede encontrarse el entrenador. Debe buscar junto con el consultante una corrección rápida y efectiva para evitar daños.

Hilda Cañeque, en su obra *8 claves para el cambio creativo*, dice: "Hoy uno de los grandes desafíos que tiene la humanidad es aprender el difícil arte de comunicar. De la comunicación depende, muchas veces, la gracia o la desgracia. La verdad debe ser dicha en cualquier situación, pero la forma cómo se la comunica y el momento que se elige para hacerlo, son los factores que generalmente provocan los conflictos".[15]

---

15. Cañeque, Hilda: *8 claves para el cambio creativo*, Ediciones Granica, Buenos Aires, 2014.

CAPÍTULO 13

PASOS DEL MODELO
DE ENTRENAMIENTO GRUPAL

Creemos que los procesos de entrenamiento de cualquier habilidad son realmente eficaces si están sostenidos por una metodología específica de trabajo y una concepción de aprendizaje activo.

Mostraremos al lector el modelo que utilizamos para realizar el programa de entrenamiento para líderes de distintas áreas, de una misma área o de un equipo de trabajo. Las modalidades, a pesar de ser diferentes, son manejadas de igual manera. La única salvedad es que en cada caso decidimos de forma consensuada con el líder si él se incluye o no en el entrenamiento con el resto de los participantes. Generalmente tratamos de incluirlo ya que, en los procesos de cambio, él puede ayudar a la integración, la alineación y bienestar de todos los integrantes.

Dice Martín Cañeque, en *El nuevo liderazgo*: "Abrir las decisiones a la opinión y voluntad de los demás puede significar un riesgo para quienes estén acostumbrados a tomar todas las decisiones sin consultar, pero deben saber que si lo hicieran su visión sería mucho más amplia y la motivación y el compromiso de sus empleados mucho mayores".[1]

Los pasos a seguir en el entrenamiento grupal son similares a los del entrenamiento individual, pero se utilizan distintas herramientas.

---

1. Cañeque, M.: *El nuevo liderazgo*, Ediciones Granica, Buenos Aires, 2017.

Describiremos cada uno de estos pasos para que el entrenador pueda aplicarlos con eficacia.

1°) Trabajo previo del entrenador

Antes de la primera reunión con el grupo, el entrenador debe:

1. Preparar la agenda de sesiones con fechas y horarios.
2. Averiguar sobre la situación actual de la empresa y el área.
3. Analizar las herramientas de organización, planificación y control que utilizan.
4. Contar con un archivo básico de herramientas para la mejora de equipos.
5. Mantener una conversación de relevamiento con quien lo derivó.
6. Solicitar y revisar información relativa a su área; por ejemplo, encuesta de clima, alineación, relación con otras áreas.
7. Solicitar y revisar información referente a su desempeño:

resultados anuales, evaluación de desempeño, coaching o entrenamientos recibidos.

8. Completar la Ficha de derivación que adjuntamos.

Ficha de derivación			
Empresa		Rubro	
Área		Funciones del área	
Líder		Empleados a cargo	
Entrenamiento solicitado		Fecha de la solicitud	
Causas del pedido			
Objetivos del entrenamiento			
Teléfono de contacto			
Información previa			

2°) Diagnóstico del equipo

El entrenador es convocado para trabajar con un equipo que presenta dificultades con respecto a su productividad, al clima de trabajo, a la falta de motivación del personal, a la alta rotación... Los motivos pueden ser diversos. A veces, quien contrata el entrenamiento tiene claridad sobre los problemas y sus posibles causas. Otras, no ha efectuado un diagnóstico sobre ellas con la profundidad necesaria como para saber lo que está pasando. Se adivinan razones o se hacen conjeturas de todo tipo.

El entrenador debe detectar la necesidad de mejora a partir de ciertos síntomas negativos que el equipo presenta. Se impone que realice un exhaustivo diagnóstico para evaluar causas y consecuencias de esos síntomas, sin atarse a los relatos de quienes lo contratan; esa mirada puede ser muy subjetiva.

Es aconsejable realizar la etapa diagnóstica con el líder y su equipo en forma separada, para que el primero no influya en los demás y las conclusiones sean más objetivas y certeras.

Los grupos de trabajo deben estar integrados por empleados que representen a todos: nuevos, intermedios, antiguos; jóvenes y adultos de diferentes edades; hombres y mujeres; obsecuentes, conformistas, críticos...

El entrenador debe recordar que cada síntoma esconde causas que deben ser detectadas para que las soluciones aplicadas sean efectivas. Es vital que interrogue minuciosamente a los empleados sobre las razones que dieron origen a los síntomas. Para lograr este objetivo es importante, manejar la técnica de la repregunta.

En el análisis FODA debe revisar los paradigmas negativos que tiene la organización y que no la dejan desarrollar más efectivamente. Los paradigmas, como dijimos anteriormente, son las formas en que los integrantes del equipo perciben, entienden e interpretan el mundo. Si estos son errados u obsoletos, los marcos de referencia que utilizan también lo serán. Por lo tanto, sus objetivos, planes y acciones cada vez estarán más distanciados de lo que requiere el mercado y necesita la empresa.

> *Trabajamos para una empresa importante, construida sobre la base de la unión de pequeñas pymes. Estas habían mantenido en el tiempo su cultura y forma de pensar pyme.*
>
> *Cuando hicimos el diagnóstico sobre las causas de por qué no vendían más, que era su principal preocupación, muchas personas argumentaron: "porque acá solo venden los socios", "porque nosotros somos más profesionales que un vendedor", "porque no vendemos, sino que nos compran", "no vamos a buscar, nos llaman", "no nacimos para vender". Esta serie de sentencias eran generadas por paradigmas que ya no tenían vigencia en un mundo tan salvajemente competitivo como el de hoy.*

En algún momento esos paradigmas fueron válidos y hasta pudieron ser la razón del crecimiento y éxito de la empresa. Algunas personas siguen defendiéndolos como si fueran actuales.

Ellas no se enfrentan a la dura realidad de que son obsoletos y que es necesario cambiarlos.

Dice Hilda Cañeque en su libro *8 claves para el cambio creativo*:[2] "Los modelos mentales rígidos programan la novela de nuestra vida antes de que los hechos sucedan. Seleccionan lo que vemos, sentimos y pensamos. Resultan restrictivos e inhibidores".

Un cambio de actitud a largo plazo, que mantenga el éxito de la empresa, se logra examinando los paradigmas básicos que subyacen en sus desempeños.

Cuando aprendemos y transitamos experiencias nuevas, cientos de miles de neuronas se reorganizan. Por eso, examinar ideas, creencias y sentimientos resulta de por sí una experiencia de cambio de vida, para el líder y para su grupo. La neuroplasticidad no es otra cosa que la habilidad natural del cerebro para formar nuevas conexiones que posibiliten ver la realidad de diferentes maneras.

En cada nueva experiencia, una conexión sináptica se establece en el cerebro con cada sensación, visión o sentimiento nunca antes explorado. Se crea una nueva conexión entre las células cerebrales. Si la experiencia se repite en un corto lapso, se fortalece; si no se repite durante un período largo, la conexión se debilita o se pierde.

Los paradigmas, al ser repetidos por todos, se transforman en conexiones sinápticas muy rígidas que no permiten a las personas ver otras realidades posibles. Se vuelven negativos, precisamente, por su uso rígido e indiscriminado.

El entrenador que trabaja con el grupo puede ser un especialista externo contratado o el mismo gerente si ha recibido el entrenamiento y la certificación correspondiente. Aunque debemos aclarar que su nivel de objetividad no será igual que la de un consultor externo.

Encontrará herramientas concretas para la realización de un exhaustivo diagnóstico de equipo, en el punto 8: "Recursos para utilizar en los entrenamientos", de la parte "Entrenamiento individual".

---

2. Cañeque, H.: *op. cit.*

3°) Diseño del plan de mejora del equipo

Una vez realizado el FODA y ponderadas las debilidades más importantes que deben ser trabajadas en el corto y mediano plazo, el entrenador diseñará el plan de mejora. Este será consensuado con el líder y sus seguidores. Luego, designará los responsables de la ejecución y seguimiento de las acciones e instrucciones que se llevarán a cabo.

Dice Rafael Echeverría en *La empresa emergente*:[3]

> *(…) mientras la información surge de respuestas a las preguntas: "qué, quién, dónde, cuándo y cuántos", el conocimiento responde a la pregunta "cómo hacerlo". De allí que el conocimiento pueda, entonces, expresarse en instrucciones, en el conjunto de acciones que es necesario ejecutar para que se alcance un determinado resultado y para que el trabajador sea capaz de producirlo. En la medida en que el trabajador aprenda tales instrucciones diremos que posee conocimiento o que posee la capacidad para desempeñarse eficazmente en su tarea.*

No aconsejamos atacar simultáneamente más de cuatro o cinco debilidades del equipo. La mejora lleva tiempo y esfuerzo. Abusar de eso puede sobrecargar de trabajo a los empleados y provocar nuevas debilidades o resistencias al plan.

Lo más importante de los planes de mejora es darles un adecuado seguimiento. De lo contrario, quedarán en simples intenciones y el personal ya no creerá en el próximo plan.

Recomendamos festejar cada una de las debilidades ya resueltas y transmitir la importancia del logro obtenido para la supervivencia del equipo.

> *Trabajamos en uno de los equipos de una importante empresa automotriz de nivel mundial. Si bien contaba con las herramientas clásicas y formales requeridas, el equipo no lograba alcanzar los estándares deseados por su exigente líder. Tampoco sabía él por qué sucedía eso.*
> *En lugar de improvisar respuestas o adivinar causas, decidimos reunir a todos los gerentes e interrogarlos sobre el tema. Los dividimos en*

---

3. Echeverría, R.: *La empresa emergente*, Ediciones Granica, Buenos Aires, 2011.

grupos y cada uno analizó un aspecto distinto del equipo. Luego los pusimos juntos y unificamos criterios entre todos.

Al finalizar, dedicamos la mayor cantidad de tiempo del encuentro para volver a separarlos en grupos y asignarle a cada uno un área de mejora para trabajar. Cada grupo debía analizar las causas de la baja de rendimiento en un aspecto y luego diseñar un plan de mejora que más tarde volcamos a un Gantt. En el término de media jornada de trabajo, habían podido analizar sus debilidades y diseñar cerca de diez planes de mejora concretos y bien desarrollados.

El trabajo fue muy bueno y revelador para todos. Lo que más valoraron fue la posibilidad de "organizar y planificar" la forma en que debían trabajar para mejorar la situación.

4°) Sesiones de trabajo

La extensión y alcance del proceso de cambio y aprendizaje es directamente proporcional al nivel y cantidad de áreas de mejora detectadas en el diagnóstico. También de lo que se desee y pueda trabajar.

Generalmente, el desafío en esta instancia es que el líder del equipo quiera abarcar demasiados temas y mejorarlos en muy poco tiempo. No es bueno que el entrenador se alíe a este deseo.

Recordamos que para hacer un buen trabajo en las sesiones de entrenamiento, es de vital importancia realizar antes un buen diagnóstico y un plan de mejora acorde con las necesidades y posibilidades reales del equipo.

El proceso de entrenamiento resulta altamente consultivo en los equipos. Este dinamismo natural muchas veces lleva a reflexionar sobre las tareas anteriormente propuestas para luego replantearlas.

En los encuentros grupales se realizará una evaluación periódica de avances y retrocesos, basándose en el plan de mejora pautado.

Recomendamos la siguiente estructura básica para cada encuentro:

a) Primera etapa de la sesión - duración aproximada: 30 minutos

Dialogar sobre la actualización de problemas que se le presentaron al grupo durante la semana. También sobre el logro de objetivos. Relato de novedades, resultados de cambios pautados, dudas sobre los conocimientos impartidos, problemas de liderazgo, emergencias…

Luego se realizará la evaluación de cada una de las tareas acordadas en el encuentro anterior.

b) Segunda etapa de la sesión - duración aproximada: 80 minutos

Incluir la enseñanza y el aprendizaje de alguna herramienta referida a las mejoras propuestas en el plan. En esta etapa, se puede pedir a los participantes que preparen un tema o diseñen una herramienta para ser analizada luego en la sesión.

Se debe dar seguimiento, por último, a las mejoras trabajadas hasta el momento.

Todo lo trabajado que modifique la forma de trabajo del personal debe ser consensuado previamente con el líder del área.

c) Tercera etapa de la sesión - duración aproximada: 10 minutos

Para terminar, aconsejamos hacer un breve resumen de lo trabajado. También indicar las tareas específicas que debe desarrollar el grupo hasta el próximo encuentro. Asimismo, es aconsejable enviar a los participantes un memo con todo lo trabajado.

También recomendar lecturas breves para los temas enseñados.

El entrenador debe controlar semanalmente los resultados de las lecturas indicadas y su reflexión, así como el cumplimiento de las acciones pactadas. Estas serán evaluadas en cada encuentro. Se resaltarán las mejoras producidas en los comportamientos y los rendimientos.

En esta fase el entrenador debe:

- Incentivar al líder para que se comprometa con el cambio de su equipo.
- Guiar al equipo en la adopción de las nuevas herramientas.

- Crear un entorno de apoyo y de contención.
- Reconocer cada logro del equipo así como los rendimientos individuales.
- Alinear a todos los participantes detrás del objetivo de mejora.
- Preguntar al equipo, al finalizar, sobre los logros alcanzados y la efectividad del plan de mejora propuesto inicialmente.

Muchos son los entrenamientos que pueden llevarse a cabo en un equipo de trabajo. Lo importante es elegir el correcto para cada grupo. Debe evaluarse si es el momento indicado, si el equipo está preparado y dispuesto, y si lo que va a aprender es lo que más necesita para conseguir su transformación.

5°) Cierre del proceso

En la sesión final, el entrenador hará un evaluación con el grupo para establecer cuales han sido los aprendizajes realizados durante el proceso y los que quedaron por realizar. Lo aconsejable es que cada participante, por turno, escriba en la pizarra los aprendizajes que ha incorporado y los resultados que ha obtenido en su equipo.

Si todos son integrantes de un mismo equipo, lo mejor es que consensuen juntos cuáles fueron las mejoras logradas. Luego, el entrenador las anotará en la pizarra.

También se utilizará este procedimiento para consignar los aprendizajes que, por diversas razones, quedaron sin realizar.

Para terminar, el profesional entregará a los integrantes del equipo entrenado una Encuesta de satisfacción para que respondan en ese momento. En ella evaluarán el proceso por escrito. Esto permitirá que el entrenador evalúe su propio rendimiento, detecte posibles mejoras y también comunique a la empresa de manera fehaciente los resultados obtenidos según la apreciación de las personas entrenadas.

El profesional debe presentar al contratante tanto la Encuesta de satisfacción como un Informe final. Detallará el diagnóstico realizado, el plan de mejora implementado y los resultados alcanzados por el equipo, en general. Cuidará especialmente la confidencialidad comprometida con el consultante.

Es fundamental que el informe tenga un apartado para detallar los logros alcanzados por el grupo y mencionar a los participantes que hayan tenido los más altos rendimientos en las habilidades clave para liderar.

Por último, es aconsejable indicar algunas recomendaciones para el desarrollo y mejora de las habilidades del equipo. Seguramente serán parte de un próximo proceso de entrenamiento que incluirá también otros temas.

En síntesis, todo entrenamiento implica un proceso de aprendizaje continuo.

Aprendemos más profundamente en la experiencia directa. Lo hacemos generalmente por ensayo y error. Actuamos, cometemos errores, nos observamos y nos vamos adaptando a cada realidad. Aprendemos haciendo: nos realimentamos con nuestras propias acciones y observando las de los demás.

CAPÍTULO 14

EJERCICIOS PARA LOS GRUPOS

Estos entrenamientos son para llevar a cabo durante la sesión de trabajo grupal. Solo mostraremos algunos ejercicios que el entrenador puede utilizar teniendo en cuenta las características del equipo que entrena, su situación actual, su diagnóstico y el plan de mejora pactado.

a) Entrenamientos para realizar "dentro" de la sesión de trabajo

1. World café: habitualmente, utilizamos el siguiente diseño:

1°) Separar el grupo en cuatro (cada subgrupo en una mesa). Luego, pedir a cada subgrupo que reflexione sobre varios subtemas.

2°) Anotar en un rotafolio las conclusiones a las que ha arribado cada subgrupo.

3°) Rotar a las personas que integran cada una de las mesas después de 10 minutos de trabajo. Y así sucesivamente hasta que los participantes hayan pasado por todas las mesas.

4°) Al finalizar, el entrenador leerá cada uno de los rotafolios y en conjunto sacarán las conclusiones sobre los temas tratados y el trabajo realizado.

2. Pastillitas de reflexión: consiste en un taller que dura entre 30 y 60 minutos. El entrenador prepara especialmente un determinado tema para trabajar con el equipo. Al finalizar, se usan unos pocos minutos para responder dudas sobre el tema. La idea es que sea una charla reflexiva, profunda y motivadora sobre algún asunto que el equipo debe mejorar o cuestionarse. Debe focalizarse en una sola "idea fuerza" que se quiera instalar.

3. Actividades *outdoor*: quizás estas sean las actividades en las cuales el equipo saca más provecho. Los ejercicios están secuenciados y cada uno tiene un objetivo de aprendizaje. Si la secuencia está bien planificada y dirigida por el entrenador, marca un antes y un después en la vida del equipo. Se realizan en el campo, en un bosque, en un río viajando en un velero o simplemente en el parque de la empresa. El contacto con la naturaleza es clave: fomenta la apertura, la creatividad, las relaciones y el autoconocimiento. Son actividades también indicadas para realizar un diagnóstico más certero del equipo.

3. Conversaciones integradoras: el entrenador dispara un tema importante para el equipo. Luego, fomenta un debate de una hora, como máximo, en el que se recogen conclusiones y se define un curso de acción a seguir.

4. Actividades lúdicas: se trata de realizar actividades y juegos con un objetivo de aprendizaje. Pueden hacerse con arcilla, pinturas, plastilinas, alambres, hilos, papeles, telas... Los participantes despliegan su potencial creativo y se comprometen en el proceso de aprendizaje. Por medio de ellas puede llevarse a los integrantes a que elaboren conceptos tan importantes como la misión o los valores del equipo.

5. Reuniones de status: son reuniones en las cuales cada área prepara y presenta un informe: cambios en su área, actividades que realizan, proyectos en los que trabajan actualmente, necesidades de las otras áreas... Luego, cada representante regresa a su área y en la reunión de equipo relata todo lo vivenciado. Así es como actualizan lo que sucede en el resto de la empresa. Son extremadamente útiles para generar alineación, integración e identidad.

6. Rituales: realizar este tipo de ejercicios ancestrales permite al entrenador trabajar en profundidad con el grupo. Consiste en hacer rituales como el "Saludo al Sol", para tomar conciencia del estado de equilibrio de cada participante; "Sembrar los temores", para trabajar los miedos que cada participante tiene, o "Plantar los valores", para hacer una analogía entre el árbol plantado y los valores elegidos. Los rituales de este tipo sirven para que el grupo reflexione, recuerde y elimine algunas barreras subjetivas que frenan su desarrollo.

7. Simulador gerencial: el entrenador plantea al grupo la creación de una empresa ficticia. En ella, los participantes deben desempeñar diferentes roles y resolver problemas de trabajo. En cada encuentro siguen resolviendo problemas distintos, que fueron obtenidos en el diagnóstico de la organización. Por medio de simulaciones se corrigen errores y se enseñan conceptos y habilidades.

8. Ceremonias: es muy importante en la actualidad realizar ceremonias que celebren algún evento para mejorar la integración, el compromiso y la identidad de los colaboradores. Festejar el comienzo y el fin de un proyecto, anunciar un viaje próximo, celebrar cumpleaños en ronda, festejar el Día del Amigo, completar el álbum de fotos del grupo con cada nuevo nacimiento... constituyen una excelente herramienta de integración del equipo y fomentan la sinergia positiva.

9. Capacitaciones grupales: el entrenador imparte una breve capacitación para homogeneizar conocimientos grupales sobre determinados temas. Esta modalidad puede servir también para analizar las respuestas grupales o evaluar el nivel de aprendizaje de los participantes.

Ejemplos de los ejercicios anteriores

1. *World* café

Esta metodología generalmente es utilizada cuando una empresa quiere "modelizar" su estilo de liderazgo o construir equipos de trabajo.

Por ejemplo: para construir el modelo de líder de la empresa, colocamos un rotafolio donde se anotan todas las habilidades que debe tener el líder; en otro, la forma de comunicación que debe mantenerse; en otro, el perfil requerido, y en otro, los valores que debe sustentar.

Los grupos van rotando por las distintas mesas hasta que todos hayan pasado y trabajado en las diferentes temáticas.

Luego, sacan conclusiones hasta tener definido el modelo de líder esperado.

Si lo que se desea es establecer una forma de vinculación entre los líderes y la "Generación Y" se trabaja en un rotafolio sobre la manera de atraerlos y seducirlos; en otro, sobre estrategias para retenerlos y fidelizarlos; en otro, la mejor forma de comunicarse con ellos, y en el último se indican las tácticas más adecuadas para motivarlos y comprometerlos.

Así, queda armada una clara estrategia para acercar a los líderes mayores a los jóvenes de las nuevas generaciones.

2. Pastillitas de reflexión

Se trata de charlas muy cortas, enfocadas a reflexionar sobre un tema crítico del equipo, de manera positiva y motivadora.

En un retail en Colombia, nos pidieron que capacitáramos a los equipos gerenciales en períodos de no más de una hora, porque no podían apartarlos por más tiempo de sus puestos.

Entonces relevamos cuáles eran las preocupaciones y necesidades de cada equipo. Teniendo en cuenta esto, diseñamos pequeñas "pastillitas de reflexión" que vertíamos en una clase profunda de 50 minutos cuyo tema era importante para la organización. Al finalizar dejábamos 10 minutos para que los participantes hicieran preguntas. La función de esta metodología breve era "parar la pelota", estimular la reflexión y motivar cambios.

3. Conversaciones integradoras

Es una metodología muy interesante para alinear al equipo, tratar una situación difícil o sacar a la luz temas de los que no se hablaban.

Nos contrataron en un laboratorio reconocido porque el personal, en su mayoría muy joven, formulaba preguntas que los líderes no sabían, no querían o no podían responder.

Primero relevamos las inquietudes que tenían los empleados. Muchas eran de índole filosófica o relacional. Teniendo en cuenta esos intereses, desarrollamos charlas abiertas con debate en las que poníamos un tema sobre la mesa y coordinábamos las opiniones e inquietudes de los participantes.

Fue un recurso sumamente valorado por el personal. Ayudó a que salieran temas interesantes y se conversaran otros hasta ese entonces considerados tabú. En muy poco tiempo, mejoraron ostensiblemente el diálogo y las relaciones entre los empleados.

4. Actividades outdoor

De todas las actividades outdoor que solemos hacer hoy, probablemente la de conducir un velero sea la más efectiva y solicitada.

Comenzamos con una clase introductoria en tierra firme, haciendo una sencilla inducción sobre la navegación de un velero. Luego de embarcar al grupo, lo llevamos hasta una boya ubicada lejos de la costa. Damos tiempo para que se organicen en equipo y los estimulamos para que lleguen a otra boya que no se alcanza a ver en el horizonte.

Al llegar a ella, se analizan los aciertos y errores del equipo. Luego, damos una pequeña clase sobre liderazgo, organización, planificación y control. Posteriormente se desafía a los participantes a que vuelvan al punto de partida pero en menos tiempo. En el último tramo, se evalúan los resultados.

Es una actividad que sirve para analizar cómo trabaja un equipo, cómo se relacionan sus integrantes, cómo se vinculan líderes de distintas áreas, cómo se motivan con el objetivo, cómo resuelven las dificultades, cómo enfrentan los miedos, etc.

5. Actividades lúdicas

Las actividades relacionadas con el arte y el juego proporcionan excelentes resultados para entrenar a un equipo. La arcilla, por ejemplo, es un muy buen elemento para hacer que los participantes construyan verdaderas esculturas referidas a los valores de la empresa.

Hicimos una actividad en Mar del Plata para más de 200 empleados de la empresa de salud más grande de Argentina. Propusimos que se juntaran en grupos y seleccionaran algún valor de la empresa. Luego planteamos organizar un concurso en el que debían crear grandes obras de arte en arcilla que representaran el valor elegido por cada grupo. Los participantes trabajaron durante casi dos horas asistidos por dos artistas plásticas y varios coordinadores. Las obras fueron impresionantes y quedaron en el recuerdo de todos los asistentes. Fue realmente impactante y motivadora la presentación que hicieron de los valores de la empresa que quedaron plasmados en esculturas cautivantes.

6. Simulador gerencial

Debe diseñarse "a medida", según las necesidades de cada grupo. Permite a los participantes solucionar sus problemas cotidianos en el contexto de una empresa simulada.

En una empresa importante y nueva del sector de salud, hicimos un breve diagnóstico preliminar con los gerentes de área con quienes íbamos a trabajar.

Relevamos los problemas más comunes que enfrentaban en el día a día y que no podían resolver o eliminar. Durante el proceso, surgieron varias escenas "temidas" por los líderes, relacionadas con el crecimiento vertiginoso de la empresa en los últimos 10 años.

Entonces, diseñamos un simulador para el programa anual de liderazgo en el que se estaban capacitando en ese momento. En cada sesión, trabajaron sobre un caso-problema que se presentaba en esa empresa ficticia y que debían resolver.

Luego, llevábamos lo aprendido al trabajo diario de la empresa.

Con esta práctica secuenciada surgieron gran cantidad de acciones de mejora que luego los líderes aplicaron en sus equipos de trabajo.

7. Reuniones de status

En el contexto de la globalización, muchas empresas tienen problemas de comunicación, alineación o sinergia negativa entre las áreas.

Una empresa multinacional compró otra empresa para utilizar solo su área de Producción. Esta nueva empresa no trabajaba alineada con la primera. Sus culturas eran muy diferentes.

La situación se terminó de complicar cuando adquirieron un segundo negocio con la intención de expandirse en otro mercado. Debían unirse tres formas distintas de trabajo, tres tipos de valores y diferentes formas de comunicación. La crítica, la queja y las discusiones entre las áreas estaban a la orden del día.

Comenzamos por hacer una reunión mensual de dos horas, en la que cada área presentaba quiénes eran, qué hacían, en qué proyectos estaban trabajando y, por último, qué necesitaban de los demás. Después de cada encuentro, indicamos a los representantes de cada área la tarea de reproducirla en una reunión a sus compañeros de equipo.

Esto permitió que cada participante se pusiera en el lugar del otro, le expresara cuánto lo necesitaba, trabajaran el concepto de equipo. La comunicación y la solidaridad comenzaron a fluir...

8. Rituales

Entrenamos durante varios años a los gerentes de un Centro de salud importante. Cada vez que los observábamos –fastidiados, cansados, frustrados o quejándose por no poder resolver la gran cantidad de imprevistos que surgían a diario–, proponíamos practicar el "Saludo al Sol". Este es un ritual milenario que plantea varias posturas corporales en las que, básicamente, el participante debe mantener el equilibrio. Al principio esta práctica les costaba mucho, pero reconocían que servía para tomar contacto con su cuerpo y darse cuenta de lo qué podían hacer para recuperar su equilibrio. También les enseñábamos ejercicios de estiramiento para renovar la energía.

Es muy importante que lo practiquen los conductores de las empresas, quienes diariamente sufren múltiples tensiones.

Otro ritual milenario es "Enterrar los temores". Se hace al aire libre. Comenzamos con una relajación pautada. Luego, cada participante escribe sus temores en un papel. Por medio de preguntas, trabajamos la posible raíz emocional de cada temor. Después, cada uno rompe su papel en la mayor cantidad de pedazos que pueda y los coloca en su mano. Finalmente, los arrojan en un hueco en la tierra y los tapan con un puñado importante de tierra. La intención es que esos miedos queden enterrados para siempre.

Lo esencial en este ritual es trabajar adecuadamente los efectos que tiene sobre el inconsciente de los participantes: si viven el ritual como real, arrojan de verdad los miedos.

Practicarlo es liberador: elimina los temores que restan efectividad a los líderes.

9. Ceremonias

Hace algún tiempo, terminamos un programa de liderazgo de tres años en una empresa. Sus jefes y gerentes lograron transformar exitosamente la empresa.

La actividad final, fue un outdoor en el medio del campo. Plantaron un árbol entre todos los participantes. Luego cada uno escribió un deseo para el futuro de la empresa. Con él construyeron una figura de origami que después colgaron en las ramas del pequeño árbol. Al final, hicieron una ronda alrededor del árbol. Se tomaron de las manos y cantaron una canción de cierre. Fue muy emocionante. Sirvió para concretar un emotivo cierre, que dio lugar a un esperado festejo.

10. Capacitaciones grupales

Son innumerables las capacitaciones que el entrenador puede llevar a cabo con el grupo. Dependen de sus necesidades en la situación presente.

Entrenando a un grupo de gerentes de una empresa en Colombia constatamos que las necesidades del grupo eran muchas y las herramientas y habilidades de gestión, muy pocas. A raíz de eso, propusimos a la empresa mantener reuniones mensuales de cuatro horas para enseñar lo que necesitaban de forma más urgente. En cada sesión enseñábamos una competencia de liderazgo: delegación, comunicación, motivación, resolución de problemas, etc., a la vez que hacíamos un diagnóstico sobre cómo ellos la desarrollaban hasta el momento y los ayudábamos a cambiar el hábito.

Enseñábamos las herramientas clave y practicábamos la habilidad. Para terminar, cerrábamos la capacitación construyendo un plan de mejora para ser aplicado en las diferentes áreas de la empresa.

Lo que hay que tener en cuenta en las capacitaciones que se lleven a cabo hoy, es que deben ser cortas, experienciales, dinámicas y reflexivas. Ya nadie quiere quedarse mirando una pantalla. Y sobre todo, los participantes deben ver su aplicación a su tarea diaria y la mejora que hayan logrado con ello.

b) Entrenamientos para realizar "fuera" de la sesión de trabajo

No son muchos los entrenamientos que se pueden realizar fuera de la sesión que dirige el entrenador, pero la creatividad del lector seguramente le posibilitará ampliar este marco. Los que más utilizamos son:

1. Sinergia con otras empresas: el entrenador puede organizar la visita del equipo a otra empresa a fin de juntar las dos áreas y que cada una exponga sus mejores prácticas para que ambas se nutran de su experiencia. No necesitan ser empresas del mismo rubro en lo más mínimo. Generalmente, en las experiencias que más se aprende es cuando ambas tienen distintas "realidades".

2. Eventos: es muy efectivo enviar a los representantes de un área a un congreso, seminario o Especialización de esa misma área. Por ejemplo, pedir a los integrantes del área de RRHH que asistan a un congreso sobre el futuro de la capacitación.

3. Presentaciones corporativas: es muy recomendable, cuando un equipo logra resultados extraordinarios en su entrenamiento, que prepare y lleve a cabo una presentación al resto de la compañía. Por un lado, logra un incremento muy importante en la motivación del equipo y por el otro, instala en el resto de las áreas la posibilidad de mejora y sus beneficios.

Lo más importante en estos casos es pedirle a los participantes que luego de la experiencia realicen un informe indicando las mejores prácticas aprendidas y cómo las implementarán en su equipo.

CAPÍTULO 15

RECURSOS PARA UTILIZAR EN LOS ENTRENAMIENTOS

Presentamos una serie de recursos que consideramos necesarios para llevar adelante el proceso de entrenamiento con equipos de trabajo. Están divididos por etapas. Recomendamos utilizarlos teniendo en cuenta las características de los grupos y las situaciones por las que atraviesan.

a) Recursos para el diagnóstico

1) Relevamiento de mal desempeño

Esta es una prueba para realizar con el equipo. Servirá para que sus integrantes contesten sobre cómo se visualizan en él. Es un recurso para entender la situación actual del equipo y sus necesidades. No es una herramienta definitiva.

En primer lugar, se le pide al líder que identifique los síntomas que presenta su equipo. Debe leer cada una de las sentencias y marcar con una X en el casillero de la derecha aquellas que son concurrentes.

CUESTIONARIO DE SÍNTOMAS DE MAL DESEMPEÑO DEL EQUIPO	
Síntoma	Ocurre
Ausencia de comunicación espontánea	
Falta de desacuerdos productivos	
Falta de voluntad para compartir información	
Reuniones poco efectivas: falta de agenda, poca participación, discusiones extensas y sin sentido, pocas decisiones adoptadas	
Poco nivel de compromiso con la tarea	
Competencia desleal entre los participantes	
Crítica permanente sin aporte de soluciones claras	
Objetivos poco realistas	
Poca fe en los demás miembros	
Formulan comentarios y sugerencias en un tono muy emocional	
Atacan las ideas de otros antes de que puedan terminar de expresarlas	
Se acusan entre sí sin entender las cuestiones de fondo	
Los integrantes del equipo forman bandos y se disputan el poder	
Hay ausencias reiteradas	
Llegadas tarde / salidas temprano del personal	
Quejas constantes de los líderes hacia los empleados y viceversa	
Fechas límite no respetadas e injustificadas	
Discusiones poco importantes que no conducen a nada	
Falta de concentración de algunos integrantes	
TOTAL	

El renglón final que dice Total, solo sirve para tener mayor claridad de la cantidad de síntomas que se deben trabajar.

A continuación, es necesario sacar conclusiones sobre cada una de las respuestas obtenidas: cuáles son sus causas, cómo se pueden mejorar, etc. Luego, con el líder del equipo, debe analizarse cada uno de los *síntomas detectados*. Por último, es importante que diseñen juntos acciones de mejora.

2) Cuestionario diagnóstico del equipo

Este cuestionario es anónimo. Sirve para entender realmente cómo se encuentra el equipo. Los integrantes deben completarlo individualmente y luego colocarlos todos en un sobre que analizará el entrenador, quién anotará la cantidad de NO que se colocaron en cada fila.

Pida que lean las expresiones de la columna de la izquierda y coloquen SÍ o NO en la columna de la derecha.

CUESTIONARIO DIAGNÓSTICO DEL EQUIPO		
PREGUNTAS	Sí	No
Sobre la planificación		
¿Están claras las metas para todos los integrantes?		
¿Son alcanzables las metas del equipo?		
¿Implican las metas algún desafío para el equipo?		
¿Existe un plan formal escrito para cumplirlas?		
Sobre la organización		
¿Están claros los roles que ocupa cada integrante en el organigrama?		
¿Cada colaborador tiene su descripción del puesto actualizada?		
¿La buena definición de roles hace que no haya conflictos por superposición o sobrecarga?		
¿Los roles coinciden con las expectativas de los integrantes?		
¿Existe una relación directa entre las tareas individuales y las metas del equipo?		
¿Es posible realizar las tareas en el tiempo pautado y con los recursos existentes?		
¿Están capacitadas las personas para desarrollar estas tareas?		
¿Se comprometen los empleados con las tareas?		
Sobre los procedimientos		
¿Son adecuadas las metodologías de trabajo utilizadas para las tareas a desarrollar?		
¿Cuenta el equipo con un manual de procedimientos actualizado y se utiliza?		
¿Se toman correctamente las decisiones en cuanto a tiempo, forma y aplicación?		
¿Son efectivas las reuniones de trabajo en cuanto a la coordinación, frecuencia, cumplimiento de sus objetivos y elección de los temas?		
Sobre la comunicación		
¿El equipo cree en la comunicación que recibe, la utiliza y valora?		
¿Se da una buena inducción a cada nuevo integrante?		
¿Circula la comunicación por los canales establecidos?		
¿Es la comunicación: veraz, pertinente, suficiente y oportuna?		

CUESTIONARIO DIAGNÓSTICO DEL EQUIPO (Continuación)		
Sobre las relaciones interpersonales	Sí	No
¿Se resuelven rápidamente los conflictos de poder?		
Si existen subgrupos ¿se interrelacionan bien entre ellos?		
¿El clima de trabajo es bueno y el personal trabaja a gusto?		
¿Predomina el trabajo cooperativo?		
Sus integrantes ¿tienen sentido de pertenencia al equipo? ("camiseta")		
¿Hay vínculos sanos entre los integrantes del grupo?		
¿Existe un buen vínculo entre el líder y los miembros del equipo?		

Con los resultados obtenidos en la encuesta, es importante realizar una reunión grupal en la que todos formulen un primer diagnóstico del equipo. Antes de generar cualquier plan de mejora, es necesario analizar exhaustivamente las causas posibles de cada respuesta negativa.

3) Diagnóstico FODA del equipo

Es un análisis que evalúa la situación interna y externa del equipo con respecto al negocio, a otros equipos y al resto de la empresa. Debe ser construido de tal forma que posteriormente se puedan establecer objetivos, una vez que se conozcan concretamente las posibilidades del equipo.

El análisis FODA brinda un resumen de fortalezas y debilidades del equipo (plano interno) e identifica las oportunidades y amenazas (plano externo) a las que se enfrenta. El análisis externo observa las oportunidades y amenazas que se presentan en el ambiente del equipo. El análisis interno se enfoca hacia las fortalezas y debilidades, que puedan afectar a su capacidad para lograr los objetivos previstos.

Siendo las Fortalezas todas las cualidades positivas que el equipo tiene y Debilidades todas las cualidades negativas, lo que le falta o lo que debe mejorar. Para esto, ayuda analizar estas variables en base a las habilidades, actitudes, tiempos, eficiencia, productividad con las que cuenta el equipo.

Por otro lado, deben analizarse las Oportunidades presentes y futuras que se le presentan al equipo, tanto como las Amenazas que podría llegar a enfrentar.

De la combinación de las Fortalezas y las Oportunidades, suelen surgir excelentes Ventajas Competitivas. De la combinación entre las Debilidades y las Amenazas pueden surgir los Riesgos y Peligros que podría enfrentar.

Por ejemplo, si se tratara de un equipo comercial de una importante farmacéutica nacional, su FODA podría ser:

a) Fortalezas: conocimiento de ventas, amplia cartera de clientes, muy buen nivel de atención, clientes fidelizados, gran cantidad de recursos disponibles.

b) Debilidades: personal con demasiada antigüedad, poca capacidad de respuesta, bajo nivel de apertura y flexibilidad, imagen antigua, mal uso de los recursos.

c) Oportunidades: captar un nuevo segmento de mercado, aprovechar un nicho que se está formando, valerse de una normativa legal que podría surgir y los beneficiaría, incorporar empleados de las nuevas generaciones.

d) Amenazas: perder clientes por el mal servicio, perder cuota de mercado en manos de una nueva competencia, verse perjudicados por una nueva normativa legal.

Con la ayuda de este análisis, es posible ayudar al líder que está en entrenamiento a reconocer y aumentar las fortalezas del equipo. Este un valor agregado para la compañía, ya que seguramente aumentará la eficiencia y la productividad del equipo.

Lo más valioso del análisis FODA no es ver la "foto" de la empresa o del equipo, sino que permite trabajar en cantidad de acciones que pueden implementarse para explotar las fortalezas, aprovechar las oportunidades, reducir las debilidades y prever las amenazas.

La información generada por el análisis FODA será utilizada para establecer y definir objetivos y estrategias a seguir para transformar el equipo, una vez que se sepa dónde están parados y hacia dónde desean ir.

VENTAJAS COMPETITIVAS		
	FORTALEZAS (internas) Identificar las fortalezas internas que constituyen las bases para el éxito del equipo.	**OPORTUNIDADES** (externas) Detectar las oportunidades que permitan crecer al equipo dentro de la empresa.	
Análisis interno	**DEBILIDADES** (internas) Identificar las debilidades propias que afecten al presente y futuro del equipo.	**AMENAZAS** (externas) Detectar las amenazas provenientes del entorno que comprometen el futuro del equipo.	Análisis externo
	MEJORAS	**RIESGOS**	

Actividad. Análisis FODA del equipo

Sugerencia para el entrenador: complete el cuadro anterior en sucesivas reuniones de equipo, junto con los empleados y su líder. Divídalos en subgrupos para que reflexionen sobre cada uno de los cuadrantes. Luego, intercambie los grupos para que pasen por todos los cuadrantes. Finalmente observe junto al equipo las conclusiones a las que han arribado. Determinen el FODA final, seleccionando los puntos más importantes que deben trabajar para mejorar, delineando acciones y estrategias para:

a) Aprovechar al máximo las fortalezas.
b) Convertir las debilidades en fortalezas o eliminarlas.
c) Combinar fortalezas y oportunidades para obtener una ventaja competitiva.
d) Analizar la relación entre las debilidades y las amenazas para preverlas con un plan de contingencia.

4. Relevamiento de los paradigmas negativos

Dice Peter M. Senge en *La quinta disciplina*:[1]

Estamos cada vez más convencidos de que el trecho "entre el dicho y el hecho" no surge de intenciones débiles, de flaqueza de voluntad o de una

1. Senge, P. M.: *La quinta disciplina*. Ediciones Granica, Buenos Aires, 1992..

comprensión asistémica, sino de modelos mentales (…) Los nuevos conceptos no se llevan a la práctica porque chocan con profundas imágenes internas acerca del funcionamiento del mundo, imágenes que nos limitan a modos familiares de pensar y actuar (…) No podemos llevar en la mente ni una organización, ni una familia, ni una comunidad. En la mente llevamos supuestos e historias (…) Nuestros "modelos mentales" no solo determinan el modo de interpretar el mundo, sino el modo de actuar.

Estos modelos mentales restrictivos comienzan a propagarse por todo el equipo hasta formar verdaderos paradigmas negativos (creencias erróneas del mundo actual) que frenan su desarrollo y hasta pueden poner en riesgo al equipo y la empresa.

Un caso muy conocido sirve para trabajar con los equipos que deben cambiar sus paradigmas negativos:

Un negocio de película… que termina enrollado

Era una empresa fundada hacía más de 130 años, que durante décadas lideró el mercado de la captura de imágenes; inventó la cámara fotográfica de mano; fabricó la película para esta cámara; trajo al mundo las primeras imágenes de la Luna e inventó en 1975 la cámara digital.

Sin embargo, en febrero de 2012, el pionero de la fotografía se declaró en bancarrota al no poder vender sus más de mil patentes de imagen digital.

En su sede de Nueva York trabajaron 60.000 empleados, pero se redujeron a solo 7.000. Sus acciones cotizaban en la bolsa desde hacía más de un siglo, pero tras la suspensión de pagos la bolsa de valores de Nueva York expulsó a la empresa de esa institución. El valor de mercado bajó a menos de 150 millones de dólares, de los 31.000 millones que tenía poco más de diez años atrás.

Según los analistas, la empresa se vio acorralada por la competencia extranjera y la revolución digital. La causa, según los expertos, fue que no había logrado adaptarse a las tecnologías más modernas, como la cámara digital. Paradójicamente, la propia empresa había sido la inventora de ese producto.

Es bueno preguntarse cómo una compañía que supo captar a los mejores ingenieros del mundo, que invirtió enormes sumas de dinero en investigación, que produjo innumerables avances en la tecnología de la imagen… pudo llegar a la bancarrota. Según un importante analista, la empresa no le sacó provecho a la invención de la cámara digital, simplemente por miedo a dañar su negocio principal, que era el de la venta de rollos de película. Aunque buscó alternativas en los negocios de productos químicos y dispositivos para exámenes médicos, el negocio de las películas fotográficas se redujo notablemente. No pudieron generar el dinero suficiente para mantenerla en el mercado.

Esta empresa contó en su momento con gran creatividad. Creó un mercado y lo lideró durante décadas. Pero fue devorada, no tanto por acción de la competencia, sino por aferrarse a paradigmas negativos, como por ejemplo el miedo a dañar el negocio original.

Si los modelos mentales son restrictivos se vuelven negativos. Deben detectarse.

Se necesita la concurrencia del personal de todas las áreas y niveles jerárquicos para que aporten su mirada crítica sobre esas formas inhibitorias de pensar y sobre el daño que le están haciendo a la organización.

Los modelos mentales son organizadores de la conducta humana, pero cuando se fijan en forma rígida y son compartidos por el equipo se vuelven negativos. Por ejemplo, no permiten ver lo que ha cambiado en el entorno, subestimando o criticando sus efectos.

Presentamos un ejercicio para identificar modelos mentales restrictivos y descubrirlos cuando se ven sus efectos en las formas de percibir y accionar.

Ejercicio. "Mis modelos mentales restrictivos"

Parte A

Debe analizar, en cada concepto que se plantea, cuáles son sus ideas fijas acerca de cómo percibe la realidad. Primero reflexione en el sentido de las siguientes descripciones:

- De **mis padres**: intente analizar cuáles son esos modelos que le enseñaron y que hoy utiliza como verdaderos; por ejemplo: "se debe ser honesto", "el esfuerzo se premia", "hay que dar para recibir", "la familia es lo primero", "la mujer debe estar al lado del hombre", "los hijos son lo más importante", "el trabajo es lo más valioso", etc.

- De **mis amigos**: analice cuáles son los modelos que aprendió e incorporó a su forma de pensar; por ejemplo: "hoy por mí mañana por ti", "la amistad es para toda la vida", "las cosas se hacen mejor en grupo", "para tener éxito se necesita de los demás", etc.

- De **mis parejas**: trate de reflexionar sobre los modelos que adquirió en las relaciones sentimentales importantes por las que atravesó en su vida; por ejemplo: "la fidelidad es el fundamento del amor", "quien traiciona una vez traiciona dos", "*detrás* de todo gran hombre hay una gran mujer", "la libertad se pierde con el matrimonio", "los fines de semana se pasan en familia", etc.

- De **la cultura de mi país**: trate de descubrir cuáles son los modelos más comunes que rigen en su entorno social y que ha tomado como propios; por ejemplo: "todos quieren lo que tiene uno", "el que tiene dinero lo hizo de manera impropia", "hay que mentir para ganar", "si quieres que te escuchen, levanta la voz", "el vivo es el que progresa", "cada cual cuida su quintita", "todo tiempo pasado fue mejor", "ser sincero es exponerse", "no te metas en lo que no te importa", "en este país no se puede", etc.

- De **mi educación**: intente descubrir los modelos que adquirió en su educación formal e informal; por ejemplo: "al que madruga Dios lo ayuda", "ser aplicado tiene su premio", "no hay que levantarse hasta no terminar la tarea", "no dejes para mañana lo que puedes hacer hoy"...

- De **mis experiencias**: intente analizar qué modelos se formaron en usted con las experiencias fuertes que vivió en el transcurso de su vida; por ejemplo: "casarse no es para mí", "las mujeres son para criar a los hijos", "nadie es imprescindible", "el trabajo bien hecho lo tiene que hacer uno mismo", "en las empresas grandes te usan y te descartan", etc.

Ahora, escriba una frase en cada uno de los casilleros con el resultado de su análisis.

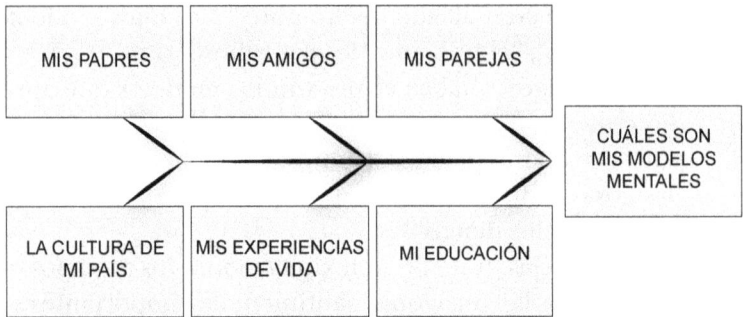

MIS PADRES	MIS AMIGOS	MIS PAREJAS

CUÁLES SON
MIS MODELOS
MENTALES

LA CULTURA DE MI PAÍS	MIS EXPERIENCIAS DE VIDA	MI EDUCACIÓN

Parte B

A continuación, le pedimos que reflexione sobre la validez actual de cada uno de estos modelos. En qué lo benefician y en qué lo perjudican.

Si las personas de su entorno le dicen que debe cambiarlos o si nota que son pocos los que coinciden con usted en la importancia de esos modelos, trate de analizar cuáles son las variables que está dejando de considerar por causa de ellos.

Estos modelos que le impiden seguir avanzando son los que afectan de manera negativa su visión de la empresa, del equipo, del trabajo, de la familia, de la pareja y de la relación con sus amigos. Atentan contra la visión global de problemas y soluciones.

Ahora bien, pídale al líder del equipo que realice este ejercicio y se lo haga hacer individualmente a todo su grupo, con temas relacionados a la empresa. Luego que los junte y analice cuáles de los modelos mentales se están convirtiendo en paradigmas negativos del equipo.

Por último, pídale que analice con su equipo cuáles son los riesgos que se corren por ello y que haga un pequeño plan de mejora junto a su equipo.

5) Observar el mensaje no verbal

En los últimos años surgió un gran interés por llevar a los equipos y las organizaciones diferentes mejoras en las competencias comunicacionales. Algunas disciplinas revelaron la importancia de la comunicación no verbal y cómo esta influye seriamente en todo el proceso comunicacional.

Esas disciplinas desarrollaron estrategias que permitieron crear ambientes de trabajo con menores tensiones, relaciones interpersonales de mayor calidad y estrategias para promover confianza y fortalecer el trabajo en equipo.

La comunicación verbal implica aspectos como el tono de voz, la entonación, el ritmo y la cadencia. Todos facilitan al intérprete la lectura de lo que está sucediendo con esa información. Sin embargo, no solamente interpretamos el mensaje de esa manera. El lenguaje corporal es la parte de la comunicación que emplea códigos gestuales, que generalmente son inconscientes, y se manifiestan en el cuerpo.

Este lenguaje se expresa en dos áreas: una a nivel global del cuerpo y otra en la micro expresión facial y las emociones manifestadas en el rostro. Este lenguaje corporal es un factor determinante para la decodificación del mensaje que se está transmitiendo.

Más allá de lo que se dice verbalmente, es importante reconocer lo que muestra la comunicación no verbal. Es una manifestación del mundo emocional, de los prejuicios, de las interpretaciones, tanto del individuo como del equipo. Y forma parte de más del 75% de lo que la persona que está escuchando "recibe" como mensaje.

A través de señales no verbales identificamos emociones, ideas, pensamientos, temores… Expresiones faciales, posturas, posición corporal, actos explícitos o gestos permiten conocer el mundo de la conversación privada de cada integrante de un equipo y/o de un grupo.

Casi toda la comunicación no verbal es inconsciente, o sea que nos comunicamos de inconsciente a inconsciente sin detectarlo de manera consciente. Pero su impacto en nuestras decodificaciones y por ende en nuestras respuestas es absoluto y determinante.

¿Para qué usar la información que ofrece la comunicación no verbal? En primer lugar, para trabajar el autoconocimiento. El líder puede modelar su propia expresión no verbal y, de esta forma, comunicarse mejor. En segundo lugar, para observar y analizar a sus colaboradores y a su equipo a de fin de conocerlos mejor y lograr mayor sinergia positiva.

Para que la interpretación de lo que el otro dice sea lo más cercana a la realidad, hay que tener en cuenta cuatro aspectos fundamentales:

- El contexto en el cual se está dando la conversación.
- El tema central del que se está conversando.
- La postura corporal.
- La proxémica: la distancia que hay entre quienes interactúan.

Este planteo es importante para evitar "fallas senso-perceptuales" en la comunicación del líder con su equipo.

En una reunión con un equipo de directores de una empresa de Colombia, trabajábamos en una propuesta de cambio para la implementación de un nuevo sistema de gestión. De pronto, observamos a tres de las directoras con los brazos cruzados y gestos de disconfort en sus rostros. Aparentemente, parecían cerradas a la conversación sobre el cambio de sistema. La posición y los gestos de las tres eran muy similares.

Estas posturas nos hicieron desviar la atención para averiguar lo que estaba sucediendo.

De tal manera que preguntamos:

—¿Sucede algo que quieran comentar en el momento?

Esperábamos que ellas fueran críticas o se opusieran al proceso.

De pronto, una dijo tímidamente:

—¿Es posible apagar el aire acondicionado de la sala o bajarlo un poco?

Habíamos interpretado en sus posturas y gestos que algo pasaba con respecto al cambio, pero lo decodificamos mal.

¡Qué sorpresa nos llevamos entre la decodificación que hicimos del mensaje y la realidad! Antes de indagar pensamos que esas personas estaban cerradas, no conectadas o directamente en oposición a la propuesta.

Dice Marshall B. Rosemberg en su obra *Comunicación no violenta:*[2]

El filósofo indio J. Krishnamurti dijo una vez que observar sin evaluar constituye la forma suprema de la inteligencia humana (…) A la

---

2. Rosemberg, M. B.: *Comunicación no violenta*, Gran Aldea Editores, Buenos Aires, 2006.

mayoría nos cuesta hacer observaciones de la gente y su conducta, exentas de juicios, críticas u otras formas de análisis (...) No siempre resulta fácil librarse de viejos hábitos y acertar a separar la observación de la evaluación (...) Cuando las mezclamos, la otra persona suele tener la impresión de que la estamos criticando, y por lo tanto opone resistencia a lo que le decimos.

Es importante saber decodificar la comunicación no verbal. Permite acortar la brecha entre lo real y lo imaginario. Lograr coherencia entre lo que se está pensando, sintiendo y haciendo.

☞ **Los seres humanos somos expertos en la comunicación no verbal. Tenemos un entrenamiento natural.**
Lo que sucede es que no podemos apreciar su riqueza porque no la ponemos en foco.

Es indispensable observar la comunicación no verbal. Entrenarnos para distinguir cuáles son los indicadores que se presentan para poder chequear si nuestra interpretación de la situación se aproxima a lo que está sucediendo. Ante la duda, siempre es mejor preguntarle al otro lo que piensa o sucede.

La postura es determinante en la comunicación no verbal. Se puede descifrar el lenguaje de los gestos según la orientación del cuerpo, de algunos movimientos corporales y de las expresiones de emoción a través del rostro. La posición de las manos, la inclinación del tronco, la orientación de los pies son algunos de los ejes que pueden referenciar para entender el mensaje del cuerpo. Es importante verificar si estos movimientos, gestos o significados acompañan el mensaje verbal.

Como dijimos, más del 75% del mensaje de la comunicación procede de la comunicación no verbal. Esto hace que prestemos más atención a lo que se dice y a cómo se dice, considerando la influencia de este aspecto emocional en el comportamiento de los individuos y del equipo.

Presentamos un ejercicio para averiguar la capacidad comunicacional del líder. Servirá para que tome conciencia de sus debilidades y fortalezas en esta destreza.

Ejercicio. Dime cómo te comunicas

a) Evalúe sus habilidades como comunicador de 1 a 5.

1 = Necesito mejorar bastante.

2 = Necesito mejorar un poco.

3 = Tengo que practicar más.

4 = Me considero bastante bueno.

5 = Tengo un rendimiento excelente.

b) Pídale a alguien de su equipo con el que se comunica habitualmente que también lo evalúe, siendo lo más objetivo posible.

c) Solicítele también a su jefe que haga la misma evaluación en cada uno de los casilleros.

d) Posteriormente, haga un promedio entre lo que piensa usted y cómo lo ven los demás, y coloque el resultado en el casillero correspondiente.

e) Al finalizar, saque el porcentaje de puntos que tuvo sobre la posibilidad total de puntaje 100.

Habilidades a evaluar	Mi opinión	Alguien del equipo	Mi jefe
Tener capacidad de síntesis.			
Exhibir buena oratoria al exponer una idea.			
Aceptar opiniones diferentes de las suyas.			
Defender su propio punto de vista en situaciones de conflicto sin dañar al otro.			
Poder percibir lo que piensan los demás.			
Conducir una reunión con eficiencia.			
Poder evaluar y criticar lo que uno mismo dice.			
Elaborar y presentar informes claros.			
Presentar con éxito las ideas a un público desconocido.			
Expresar lo que espera de los demás.			
Elogiar a los demás.			
Transmitir estímulos positivos a los otros.			

Habilidades a evaluar	Mi opinión	Alguien del equipo	Mi jefe
Escuchar a los demás.			
Cambiar de tema en el momento oportuno.			
Decir lo adecuado en el momento oportuno.			
Dirigir una conversación de manera amena y cordial.			
Mantener la atención del público.			
Apartar las emociones debidamente, siendo racional.			
Poder reconocer los propios errores.			
Tener flexibilidad para cambiar su punto de vista cuando hace falta.			
Total			
Promedio de todas las opiniones			
Porcentaje de efectividad comunicacional			

Si usted tiene un porcentaje de efectividad comunicacional entre el 100% y el 75% su comunicación es buena. Si está entre el 75 y el 50% puede ser que su comunicación presente problemas con los colaboradores sin que se esté dando cuenta. Si su porcentaje está por debajo de esto, corra urgente a ver un especialista comunicacional para que lo ayude. Usted, como líder, está en problemas.

Lo más interesante de este ejercicio es que el entrenador oriente al consultante para que pueda evaluar en qué aspectos concretos suele comunicarse muy bien y en cuáles debe mejorar.

b) Recursos para el plan de mejora

1. Plan de mejora del equipo

A continuación, presentamos un modelo básico que utilizamos en nuestros entrenamientos:

PLAN DE MEJORA GRUPAL					
Debilidades del equipo	Acciones de mejora	Responsable	Recursos necesarios	Tiempo	Resultados
1.					
2.					
3.					
4.					
5.					

En "Debilidades del equipo" debe escribir las áreas de mejora detectadas junto a su grupo de trabajo.

Recuerde no encarar un plan de mejora con más de cuatro o cinco debilidades, lo que sería demasiado ambicioso. Es conveniente mejorar las primeras y realizar un nuevo plan.

En "Acciones de mejora" coloque cada una de las tareas que se han comprometido llevar a cabo para lograr la mejora. Deben ser concretas, claras y definidas (ni ambiguas, ni simples enunciados, ni deseos).

En "Responsable", deben consignarse los integrantes que se hagan cargo de las acciones. Hay que tratar de que no caigan todas sobre una misma persona, aunque sea más cómodo o conveniente. Recuerde: es el plan de todos.

En "Recursos" debe consultarle a los responsables qué necesitarán para cumplir las acciones a las que se han comprometido (dinero, tiempo, personal...).

En "Tiempos" debe colocar si se hará en una fecha concreta o si se realizará con cierta periodicidad.

En "Resultados" se irán colocando los efectos positivos y negativos de cada acción, los logros obtenidos, los desvíos sufridos, los aprendizajes realizados.

El entrenador debe darle en este punto, al consultante, una mirada objetiva y racional sobre las Debilidades que presenta su equipo y las posibilidades que tiene de resolverlas. Es común encontrar líderes que dicen que en las reuniones de análisis del FODA con su equipo no surgieron Debilidades. Esto se debe principalmente a que el equipo no se "anima" a hablar delante de él, a decirle lo que piensa, lo cual es una gran Debilidad. También suele suceder que los líderes hacen planes utópicos para resolver sus Debilidades, creyendo que pueden transformar una Debilidad que arrastran hace décadas en un par de meses.

Para que este plan resulte, el entrenador debe controlar periódicamente su evolución y, si es necesario, mantener una reunión con el líder y su equipo para analizar desvíos y ayudarlos a delinear mejoras.

c) Recursos para las sesiones de trabajo

1. Encuesta del nivel de motivación del equipo

La motivación es cierta disposición o actitud que aparece en la persona o en el grupo, causada por necesidades e intereses, a veces poco claros, que llevan a cambiar, producir, mejorar o innovar. Depende mucho de la propia historia de gratificaciones y frustraciones. Ellas son las que estimulan tanto los cierres como las aperturas que favorecen la aparición de un motivo.

La motivación provoca que la atención del grupo se enfoque hacia determinado objetivo. Estos procesos de apertura y concentración se activan mediante la aparición de determinados estímulos externos.

La desmotivación, si se instala, puede ser muy nociva. Lleva a limitar la capacidad de relacionarse, atenta contra la productividad, deteriora la confianza en uno mismo.

Actualmente los líderes se quejan a menudo por la falta de motivación de sus subordinados. ¿Acaso les preguntan cotidianamente qué desean o necesitan?

A continuación, presentamos una herramienta indispensable para relevar el nivel de motivación del equipo y las razones de su descontento.

Después de recogidos los datos es importante trabajar con el líder, principal responsable, en fijar acciones concretas que sirvan para mejorar el clima motivacional.

Ejercicio: Test de motivación

Pregúntele al grupo con el que esté trabajando si se llevan a cabo las acciones motivadoras planteadas y tome nota de sus respuestas. Luego analice cada una de las respuestas negativas y averigüe sus causas.

Acción motivadora	Sí	No
Existe en el área un ambiente de trabajo positivo, alegre, distendido, en el que los empleados se sienten "a gusto".		
Se fomenta la creatividad y las nuevas ideas, tanto en forma individual como grupal. Se realizan cambios periódicamente.		
El líder hace participar a la gente en las decisiones. Brinda un ámbito para la toma de decisiones y hace que luego se respeten. Se sienten "involucrados".		
Los empleados tienen claro cómo los resultados de su trabajo afectan a los del departamento y a los de la compañía. Están "alineados" hacia un objetivo común.		
Hay sentido de "pertenencia" a la organización de los empleados. Se los mantiene informados de los logros alcanzados. Tienen "puesta la camiseta".		
Se invierte en capacitación y desarrollo del personal, ayudando a su crecimiento profesional. Con esto logra que se sientan "valorados".		
Se fomenta y premia la excelencia. El líder los incita a "sacar lo mejor de cada uno".		
Se celebran los éxitos obtenidos por el grupo, los cumpleaños, los nacimientos, los ascensos.		
Tienen independencia y autonomía para trabajar. El líder confía en ellos y también hay confianza entre los miembros del grupo.		
Sienten que se escuchan sus necesidades y preocupaciones. Se sienten "contenidos".		
PROMEDIO (cantidad de respuestas afirmativas y negativas)		

2. Diseño de una Descripción del puesto

Es común encontrar en los equipos problemas de organización debido a la falta, desconocimiento o mala aplicación de las descripciones de puesto.

Dice Peter Drucker en *Los desafíos de la administración en el siglo XXI*:[3] "La Primera Guerra Mundial destacó la necesidad de una estructura organizativa formal (…) Es una herramienta para hacer que, en su trabajo en común, la gente sea productiva. Como tal, una estructura organizativa determinada se ajusta a ciertas tareas en ciertas condiciones y ciertos momentos".

Esta es una herramienta clave del entrenador para contribuir a la mejora en la organización del equipo consultante.

Ejemplo:

DESCRIPCIÓN DEL PUESTO

FECHA DE EMISIÓN: 25 / 08 / 2017

PUESTO:
REPORTA A LA POSICIÓN:
MISIÓN DEL PUESTO:
FUNCIONES Y RESPONSABILIDADES PRINCIPALES: • • • TAREAS ESPECÍFICAS: • • •
ORGANIGRAMA

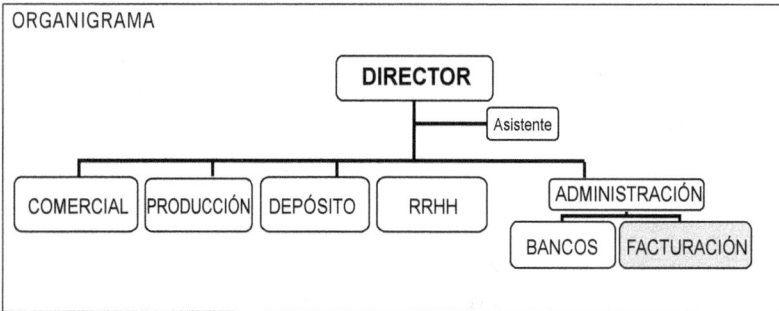

---

3. Drucker, P.: *Los desafíos de la administración en el siglo XXI*, Sudamericana, Buenos Aires, 1999.

INFORMACIÓN QUE EMITE:
INFORMACIÓN QUE RECIBE:
MANEJO DE INFORMACIÓN CONFIDENCIAL:
CONOCIMIENTOS, HABILIDADES Y ACTITUDES: • • •
REQUERIMIENTOS DEL PUESTO: Esenciales: • • • Deseables: • • •
CONDICIONES DE CONTRATACIÓN: • • • •

3) Utilización de herramientas de planificación: Gantt

Otra herramienta básica que debe enseñar un entrenador es el Gantt. Se utiliza en muy pocas empresas en Latinoamérica debido principalmente a la ignorancia que hay en estos países sobre la importancia de la planificación.

Sirve para enseñarle al consultante a planificar el trabajo de su equipo de manera sencilla. Se comienza por fijar objetivos y anticipar obstáculos y desvíos.

Ejemplo:

PLAN ANUAL DEL DEPARTAMENTO

OBJETIVOS	RESPONSABLE	META/TIEMPO	ENERO SEMANA 1 2 3 4	FEBRERO SEMANA 1 2 3 4	MARZO SEMANA 1 2 3 4	ABRIL SEMANA 1 2 3 4	MAYO SEMANA 1 2 3 4	JUNIO SEMANA 1 2 3 4	JULIO SEMANA 1 2 3 4	AGOSTO SEMANA 1 2 3 4	SEPTIEMBRE SEMANA 1 2 3 4	OCTUBRE SEMANA 1 2 3 4	NOVIEMBRE SEMANA 1 2 3 4	DICIEMBRE SEMANA 1 2 3 4	COMENTARIOS
Objetivo 1															
Acciones importantes															
Acciones importantes															
Acciones importantes															
Acciones importantes															
Objetivo 2															
Acciones importantes															
Acciones importantes															
Acciones importantes															
Acciones importantes															
Acciones importantes															
Objetivo 3															
Acciones importantes															
Acciones importantes															
Acciones importantes															
Acciones importantes															
Acciones importantes															
Recursos necesarios															
% de cumplimiento															

4. Conducción efectiva de reuniones de equipo

Las reuniones de equipo son fundamentales para una gestión efectiva. Deben tener una periodicidad establecida de antemano. Resultan muy importantes para fijar planes de negocio, diagnosticar problemas y soluciones, planificar la tarea, alinear la comunicación, generar y evaluar ideas innovadoras, estudiar la competencia, etc.

Sugerimos plantear al consultante el siguiente ejercicio para analizar el resultado de sus reuniones de equipo.

Ejercicio. Análisis de las reuniones de equipo

Entréguele a cada uno de sus colaboradores la siguiente grilla.

Pídales que lean cada una de las oraciones de las columnas izquierda y derecha. Luego, que coloquen una cruz en la que corresponda a la forma en que llevan sus reuniones de trabajo.

Después que sumen cada una de las columnas, obtendrán el porcentaje de eficiencia o improductividad de sus reuniones de equipo.

Conductas productivas		Conductas improductivas	
Cada reunión cuenta con su objetivo, temas, lugar, tiempo y un facilitador que conduce y pone orden.		No están bien planificadas u organizadas.	
Los asistentes llegan temprano, no se distraen ni molestan a los demás.		Falta de disciplina de los asistentes.	
Cada punto tratado tiene una solución y un responsable de llevarla a cabo.		Expresiones de deseo no traducidas en compromisos efectivos.	
Está bien claro quién tiene la decisión ante cada tipo de tema tratado.		Falta claridad sobre quiénes intervendrán en lo decidido.	
Se busca el interés común, todos intervienen, nadie se calla.		Politización de la reunión.	
Las reuniones son transparentes y nadie se siente manipulado.		Manipulación de la reunión.	
Siempre que se trata un tema se cuenta con toda la información necesaria para hacerlo.		Falta información clave.	

Conductas productivas	Conductas improductivas	
Nadie miente o engaña a los demás. Todos están comprometidos y dicen lo que piensan.	Los participantes mienten o se callan.	
Las reuniones no duran más de 40 o 60 minutos.	Se hacen demasiado largas.	
Cada cosa resuelta en la reunión es luego llevada a cabo por todos y cada uno.	Las soluciones arribadas no se llevan a la práctica.	
Totales		

Para finalizar, junte las grillas de todos y sume los promedios hasta obtener una grilla final. Debata junto a su equipo acerca de las conductas improductivas. Luego, establezcan acciones de mejora para las próximas reuniones.

Modelo de reuniones efectivas

Presentamos un modelo práctico y actualizado de reuniones de equipo. Servirá de guía para hacer más eficientes las reuniones.

Una reunión es efectiva cuando se alcanzan los resultados y se colman las expectativas de los participantes en el menor tiempo posible.

Las reuniones efectivas son:

- Una oportunidad para fomentar comunicación y sinergia dentro del equipo.
- Una herramienta para multiplicar esfuerzos y logros.
- Una forma de ahorrar tiempo de los integrantes y del líder.
- La mejor manera de crear identidad de grupo.

Primer paso.
La planificación
1. Lo primero que debe hacer el líder es enumerar los objetivos estratégicos y tácticos de la reunión.
2. Luego debe planificar los temas que se tratarán y los tiempos que llevará cada uno.

3. Por último, debe analizar a quiénes invitará, qué recursos necesitará y el lugar donde la llevará a cabo.

Segundo paso.
La invitación
4. Es muy importante que los integrantes de la reunión sepan que contribuyen a algo provechoso para el equipo.
5. Deben acudir a la reunión solo las personas que pueden contribuir a su objetivo.
6. Las consignas y temas a tratar de la invitación deben ser claros y concisos.

Tercer paso.
La apertura
7. Establecer claramente para qué están reunidos.
8. Señalar cuáles son los resultados concretos que se esperan obtener.
9. Pedir el compromiso de cada integrante para el éxito de la reunión.
10. Consensuar las reglas de la reunión (celulares, turnos para hablar, etc.).

Cuarto paso.
El desarrollo
11. Centrarse solo en las acciones más efectivas que conducen al objetivo.
12. Impedir que se desvíe el tema de conversación y se pierda el rumbo de la reunión.
13. Hacer tomar conciencia a los otros cuando la reunión se esté tornando personal o improductiva.
14. Comunicar el tiempo de discusión para cada tema y cumplirlo disciplinadamente.
15. Cuidar el equilibrado protagonismo de los integrantes; es muy importante para que la reunión cumpla su objetivo.
16. Convertir las ideas propuestas en una solución integradora, con compromisos formales.

17. Terminar con un resumen de lo acordado y los compromisos adoptados.
18. Agradecer a todos su presencia y participación.

Quinto paso.
Después de la reunión
19. Enviar una minuta como recordatorio de los resultados de la reunión y los compromisos adoptados (con responsables y tiempos).
20. Tomar nota de las mejoras para implementar en la siguiente reunión.

Los 10 *tips* para el éxito en las reuniones

A menudo, cuando entrenamos líderes en el arte de gestionar exitosamente una reunión de equipo, les diseñamos una guía *pocket* para que tengan presente en su escritorio, que enumera da los siguientes *tips*:

1. Preparar la reunión con anticipación, no dejar temas para último momento.
2. Invertir tiempo para conocer en detalle los temas y contenidos de la reunión. Apoyarse en el material disponible.
3. Preparar el espacio, el material y los recursos necesarios antes de empezar la reunión (proyector, videos, audios, fotocopias, etc.).
4. Reservar un tiempo de la reunión para los temas prioritarios ("¿De qué no me puedo olvidar?").
5. Practicar la reunión antes, para minimizar ansiedades.
6. Hacer algún ejercicio de relajación antes de la reunión para estar receptivos.
7. Establecer un clima de confianza y mantener contacto visual con los participantes.
8. Hacer pausas para permitir que las ideas se asienten.
9. Preguntar a la gente qué dudas tiene y volver a explicar.
10. Emitir un mensaje claro, específico y fácil de recordar.

Ejercicio. Análisis para realizar después de una reunión

1) Analice y determine, junto con el consultante, las fallas en las reuniones que lleva a cabo con su equipo.
2) Pida que consulte a su equipo sobre lo que opina de las reuniones.
3) Rescate aunque sea una mejora por mes.
4) Inste al equipo para que aplique esa mejora y luego chequee si la realizó correctamente.

Para profundizar esta temática le recomendamos la obra *Aprender a construir equipos.*

5. Uso de recursos

Es aconsejable utilizar también los recursos ya mencionados para las sesiones de entrenamiento individual, ya que muchos de ellos pueden adaptarse a lo grupal.

En el caso de trabajar con áreas, el entrenador deberá diseñar, además, las herramientas de gestión necesarias para cada una de ellas.

d) Recursos para el cierre del proceso

Cerrar correctamente el proceso de entrenamiento grupal es clave. Durante dicho proceso se habrá construido una estructura de aprendizaje que debe ser recordada para luego ser replicada en otros integrantes o grupos de la organización.

A tal fin, se hace una síntesis de los aprendizajes. Se evalúan los objetivos logrados y se analizan las causas de los que no se consiguieron. Se averiguan cuáles fueron las dificultades de aprendizaje y dónde se localizaron. Se consignan los intereses que fueron rescatados en los líderes que se entrenaron. Se evalúa cómo fue manejado el tiempo disponible para hacer el entrenamiento solicitado.

También es importante sugerir nuevas propuestas de contenido o el ajuste de los contenidos que fueron trabajados en el programa.

Para concretar un buen cierre con cierta objetividad, hemos diseñado la siguiente evaluación.

EVALUACIÓN DEL ENTRENAMIENTO INDIVIDUAL

Empresa _____ Nombre del consultante _____ Fecha_____

Le agradecemos que complete el siguiente formulario con su opinión sobre las actividades realizadas

Por favor, responda las siguientes preguntas:	MUCHO	ALGO	NADA
1. ¿Considera que los conceptos aprendidos en este entrenamiento le agregan valor a su día?			
2. ¿Cree que el nivel de los contenidos trabajados fue el adecuado?			
3. ¿Considera que se cumplieron sus expectativas?			
4. ¿Considera que encontró respuesta a los problemas que enfrenta en el día a día?			
5. ¿Considera que superó sus debilidades?			

Por favor, evalúe del 1 al 10 a su entrenador, siendo 1 lo menos valorado y 10 lo más valorado en cada uno de los ítems:

Actividades realizadas	1	2	3	4	5	6	7	8	9	10	N/A
Guía y orientación											
Diagnóstico realizado											
Efectividad del plan de mejora											
Compromiso con su tarea											
Escucha y contención											
Ejercicios											
Tareas semanales											

¿Qué actividad le gusto más ¿Por qué?_____

¿Qué actividad le gustó menos? ¿Por qué?_____

Entrenador/es	1	2	3	4	5	6	7	8	9	10	N/A

Materiales entregados	1	2	3	4	5	6	7	8	9	10	N/A
Libros											

Evaluación general	1	2	3	4	5	6	7	8	9	10	N/A

¿Cuáles son los aprendizajes que se lleva del programa?_____

¿Considera que necesitaría prolongar el entrenamiento? ¿Por qué?_____

¿Qué le gustaría que se agregue a los próximos entrenamientos?_____

MUCHAS GRACIAS ☺

CAPÍTULO 16

DIAGNÓSTICOS Y ENTRENAMIENTOS
DE GRUPOS

a) Empresa regional de retail – "Choque de culturas"

1°) Trabajo previo

Nos convocaron en Bogotá, Colombia para trabajar en una empresa de retail muy importante: llevaba seis años instalada en ese mercado sin dar resultados positivos.

Tenía casi dos mil empleados. La casa central estaba en Bogotá. En el interior del país se encontraban distribuidas varias tiendas. Su principal competidor se encontraba muy consolidado con un negocio exitoso y rentable. Mientras la empresa consultante no lograba llegar a sus niveles pretendidos de pérdida anual, su competidor seguía creciendo. Su gerente general llevaba algunos años al frente de la empresa sin haber mostrado resultados, y los accionistas comenzaban a inquietarse.

En este contexto, se comunicaron para que diseñáramos un proyecto de cambio a la medida de sus necesidades. El objetivo era dar vuelta la situación, convertir la empresa en una organización rentable.

2°) Diagnóstico

Lo primero que nos llamó la atención fue que a pesar de que la empresa andaba mal, los resultados no se alcanzaban y el público ni siquiera entraba en las tiendas para mirar, las encuestas de clima daban excelentemente bien. Era evidente que la gente estaba en una situación cómoda; se había acostumbrado a los malos resultados, no vislumbraba un futuro distinto y tampoco tomaban acciones drásticas que podrían movilizarlos.

El Comité de Dirección estaba integrado por directores de Colombia, Chile y Argentina. Todos ellos con formas distintas de ver el trabajo, la responsabilidad, el negocio y el liderazgo.

Nos sorprendió que, a pesar de ser una empresa muy consolidada en otros países, no utilizaban muchas de las valiosas herramientas de gestión que eran comunes en las otras. Por ejemplo, los gerentes de tienda no realizaban reuniones semanales con su personal. Tampoco había sinergia entre los gerentes de las diferentes tiendas. No existían objetivos precisos y claros. Los planes se deshacían a las pocas horas de haberse construido. Faltaba capacitación gerencial en todos los sectores.

Las tiendas estaban sobredimensionadas de personal y su nivel de productividad era muy bajo.

La primera reunión de comité a la que asistimos duró casi seis horas. En un intervalo que hicieron los gerentes, preguntamos a varios en forma individual si estas reuniones les servían. Unos dijeron que no las aguantaban más, otros que hacía rato que no escuchaban y un par de ellos dijo que dedicaban el tiempo de la reunión para terminar tareas en la notebook o mandar mensajes por mail. Evidentemente, las reuniones no servían.

Al realizar un exhaustivo diagnóstico en todos los niveles de la compañía, llegamos a la conclusión de que había un problema claro de falta de liderazgo, organización, planificación y control. Todos estaban de acuerdo en esta apreciación.

3°) Plan de mejora

Con la ayuda de la gerente de RRHH, que fue indispensable en todo el programa, presentamos un plan de mejora para atacar los puntos débiles detectados y obtener mejoras significativas en el ambicioso plazo de un año.

El plan contemplaba entrenar a los directores, mejorar sus equipos de trabajo y acercarlos a los gerentes de tienda. Brindar herramientas y habilidades a estos últimos para mejorar su nivel de liderazgo. Trabajar con el personal en la concientización de la importancia de la venta y lo difícil de la situación actual del mercado.

El plan era muy desafiante, pero la situación lo ameritaba. Comenzamos con una actividad *outdoor* de dos días, muy intensa.

Llevamos a todos los gerentes de la corporación y de tiendas a una estancia. Armamos un programa de actividades secuenciadas que incluían *role playing*, juegos, uso de simuladores, meditaciones, rituales y capacitaciones breves. Estuvimos dos días haciendo estas actividades de equipo para que se conocieran más y tuvieran más confianza entre ellos. También sirvió para hacer un diagnóstico como equipo y de sus áreas y tiendas. Este encuentro fue muy movilizador y ordenador para todos. Al terminar, muchos comentaron que habían visto una pequeña luz de esperanza y de orden.

4°) Sesiones de entrenamiento

Relataremos algunas de las sesiones realizadas, tratando de ilustrar al lector sobre la evolución de los diferentes grupos.

Comité de Dirección

Lo que había que trabajar más en esta área era la unión del grupo, la aceptación de las diferencias, la incorporación de herramientas de gestión y la puesta en foco de los objetivos.

Las sesiones del comité de los lunes duraban entre 6 y 10 horas, lo cual nos pareció un tema interesante para abordar primero. Podríamos mostrarles cambios importantes reduciendo los tiempos y ajustando el temario.

Convencimos al gerente general para que fijara los objetivos de la reunión, hiciera una agenda previa, otorgara la palabra y no dejara que se desviaran de la temática. El objetivo: llevar las reuniones a dos horas de duración.

La primera sesión claramente fue mejor, pero seguía llevando unas cuatro o cinco horas. Entonces, propusimos que un consultor externo tomara el rol de "voz de la conciencia" y fuera indicando cuando se desviaban del tema, se explayaban demasiado o formulaban ideas que no aportaban valor a la reunión. Todos aceptaron esta propuesta y comenzamos a trabajar así. Al poco tiempo, las reuniones transcurrían de manera organizada, el gerente general estaba enfocado y duraban menos de dos horas. Todos estaban muy agradecidos y veían en su propia gestión los frutos del proceso de cambio.

Gerentes de tienda

Comenzamos a hacer reuniones mensuales de equipo para generar sinergia. Cada uno debía aportar a la reunión al menos una práctica de excelencia realizada en su tienda. Si bien el objetivo expreso era generar sinergia y darles herramientas de gestión, el tácito era unirlos, alinearlos y formar equipo. Cada gerente trabajaba con su respectivo equipo, identificando las mejores prácticas para llevarlas a la reunión a fin de mes. La mejor idea era premiada. Al otro mes, se invitaba al empleado que la había realizado a que contara la experiencia a los gerentes. Esto motivaba al personal. A la vez, nos permitía ir diseñando un Manual de mejores prácticas para aplicar en las tiendas, alineando y unificando el trabajo de todas.

Equipo de RRHH

Era uno de los mejores equipos de la compañía, pero tenía una nueva gerente argentina que era muy exigente. Imprimía demasiada presión para lo que es la cultura colombiana. Lo cual generaba temores, problemas de comunicación y difícil alineación.

Nos juntamos con la gerente y trabajamos en la aceptación de las diferencias, los objetivos que quería para su equipo y los mensajes clave que debía transmitir. Luego hicimos un *outdoor* en el que realizamos todo tipo de dinámicas de equipo. Ella les mostró claramente cuáles eran sus objetivos y los consensuó con ellos. Se presentó de una manera más cálida y vulnerable. Contó partes de su vida, luego les dijo que los necesitaba y apreciaba mucho. La respuesta del grupo no se hizo esperar; era lo que querían escuchar.

Equipo de venta

Este equipo presentaba diversas problemáticas. Su gerente era una mujer muy exigente, de mal carácter y poco autocrítica. El efecto era que su gente no se comprometía.

No tenían herramientas mínimas de venta; cada uno vendía como le parecía, sin existir unificación ni control sobre el proceso.

Por un lado, trabajamos con ella sus debilidades: la forma de acercarse más a su personal, aprender a pedir de otra manera y cambiar el estilo de terror por el de autoridad. También encaramos la profesionalización de su equipo de ventas.

Luego, convocamos a los mejores vendedores de todo el país y comenzamos a reunirnos con ellos una vez por semana para diseñar el Manual de procesos de venta. Al principio ninguno del equipo de venta participaba, hasta que en un momento les preguntamos si se entendía la verdadera importancia de nuestro trabajo. Uno de los vendedores respondió que no estaban acostumbrados a que les preguntaran cómo se debían hacer las tareas y mucho menos a diseñar los procesos. Les aclaramos que nosotros solo estábamos ahí para enseñarles cómo se debían estructurar y potenciar. Tratábamos de acompañarlos en el desarrollo. Insistimos en que ellos eran los verdaderos especialistas, pero también los responsables de hacer los cambios necesarios.

En pocas reuniones el grupo diseñó uno de los mejores manuales de procedimientos que hemos construido. La líder del equipo pudo ver en la práctica el poder de la delegación, el de la enseñanza y el empoderamiento de su rol.

5°) Cierre del proceso de entrenamiento

Después de cumplido el año de contrato, pudimos ver cómo nuestras propuestas se habían logrado con creces. Los objetivos de la compañía estaban más claros, habíamos desestructurado las divisiones o "quintitas" existentes, y los gerentes de tienda aprendieron a trabajar alineados y de la misma manera. El Comité de Dirección era mucho más eficiente y sus equipos quedaron mejor organizados.

b) Empresa automotriz – "Mejoramiento de un equipo comercial"

1°) Trabajo previo

Nos llamaron del departamento de RRHH de una gran empresa automotriz porque el director comercial solicitaba una propuesta de mejora en sus equipos. Así fue como nos encontramos con Jorge. Un líder preocupado por su equipo de trabajo pero con la firme convicción de mejorar los resultados y el clima enrarecido que se vivía en él. Afirmaba que ese clima se producía por la intensidad del trabajo y la mala situación que atravesaba la compañía en ese momento.

Mantuvo una charla de media hora con nosotros especificando todo lo que quería que lográramos: unidad, alineación y mejora de la forma de trabajo. Luego pidió que le contáramos cómo lo haríamos. Esperaba que diéramos un par de clases teóricas de cómo convertirlos en un verdadero equipo… Cuando le contamos nuestra metodología quedó sorprendido. Era difícil entender, para un ingeniero exitoso con muchos años de trabajo, que la mejora de su equipo podía lograrse de manera lúdica y dinámica. Sin una sola diapositiva de PPT, pero con ejercicios, charlas breves, lecturas, dramatizaciones, evaluaciones, juegos. Su grado de apertura fue asombroso. Nos dio vía libre para planificar las mejoras.

2°) Diagnóstico

En esta etapa, por medio de reuniones individuales y encuestas de clima, de equipo y de liderazgo, relevamos las problemáticas esenciales del grupo. Encontramos que lo que nos había dicho el director era lo mismo que veía su personal. La excepción era que su estilo de conducción exigente y analítico aparecía como un problema. Era muy criticado por su distanciamiento, el poco reconocimiento y la falta de motivación hacia sus empleados. Como sucede muchas veces, nuestra primera percepción con respecto a él había sido muy distinta.

Entonces, nos dimos cuenta de que era un problema de "vínculos" y de ausencia de "herramientas" de equipo. Además de una falta de autocrítica muy importante de los gerentes sobre su propio nivel de conducción. Estaban tan ocupados en ver lo que hacían mal los demás que no se concentraban en mejorar sus propios equipos. Cuando les preguntábamos: "¿qué deberías mejorar tú?, ¿qué debería mejorar tu equipo?, ¿qué errores crees que están cometiendo?", se quedaban sin palabras.

Llevaban muchos años trabajando juntos, pero nunca habían participado de actividades que verdaderamente los unieran. Las capacitaciones que habían recibido hasta ese momento eran muy teóricas y demasiado extensas.

En general, había un buen clima de trabajo y camaradería, pero poca identidad de equipo.

3°) Plan de mejora

Le presentamos un plan que de entrada incluía una actividad profunda y reflexiva de *outdoor*. Luego, cuatro coaching grupales para enseñar herramientas de equipo: liderazgo, comunicación, diagnóstico y planificación.

Le pedimos al director que participara del *outdoor*, ya que en esa instancia trabajaríamos mejor los vínculos.

Era un plan corto y muy ambicioso, pero habíamos observado un grupo humano con muchas ganas de mejorar. Esto hacía más fácil la tarea.

4°) Sesiones de entrenamiento

Comenzamos con un *outdoor* que duró todo un día. En él hicimos ejercicios de autoconocimiento e integración. Los gerentes pudieron ver en sí mismos lo que criticaban en su director y en las otras áreas. Comprobaron que por mirar tanto hacia afuera no veían lo que hacían mal con su propio equipo.

En uno de los ejercicios programados les pedimos que identificaran, de un largo listado, cuáles eran las características de personalidad que más les disgustaban (mentiroso, falso, engreído, miedoso, vago, etc.). Luego, que las anotaran en un *sticker* y se lo pegaran en su pecho. Después les hicimos representar una y otra vez esa característica que habían elegido y que tanto odiaban.

Con el correr de las representaciones cada vez les salía mejor el "personaje". Descubrimos varios actores en potencia.

Al final explicamos el significado de las sombras de Carl Jung y demostramos cómo aquellas características que odiaban tanto en los otros, generalmente eran aspectos inconscientes no reconocidos de sus propias personalidades. Al principio, algunos se ofuscaron bastante. Luego, cada uno pudo ver en qué situaciones actuaba de esa manera en el trabajo. El asombro fue absoluto y el descubrimiento que hicieron también; acababan de entender que antes de enojarse por una característica del otro, debían buscarla en ellos mismos.

Al finalizar armamos una gran ronda donde cada uno compartió con los demás algo que había descubierto de sí mismo. Todos comentaron después que había sido una experiencia muy profunda. Les había permitido conocerse de otra manera, a pesar de que muchos llevaban varios años trabajando juntos.

Luego de esta actividad, comenzamos con los encuentros de coaching grupal. En el primero, los ayudamos a hacer un diagnóstico de sus equipos. Luego trabajamos aspectos de la comunicación. También las formas posibles de relacionarse con la "Generación Y". Eran los dos temas que más fuertemente habíamos encontrado en el relevamiento para el diagnóstico. Para finalizar, trabajamos un plan de mejora para el equipo que incluía nuevas formas de comunicación, incorporación de novedosas herramientas de gestión, acciones específicas para promover la sinergia entre ellos, etc.

5°) Cierre del proceso de entrenamiento

Para cerrar la experiencia, hicimos una ronda en la que cada uno expuso lo que había aprendido y, entre todos, elaboramos una síntesis de contenidos. Fue muy emocionante ya que el nivel de autocrítica expresado por los más antiguos de la organización fue realmente importante. Les quedó claro que el mundo había cambiado y se necesitaba un estilo de liderazgo distinto.

Todos quedaron muy conformes. La crítica hacia el estilo de conducción del director se transformó en autocrítica y aceptación. Los vínculos mejoraron. Elaboraron un claro diagnóstico de fortalezas y debilidades del equipo y un plan de mejora para llevar a cabo. ¡El objetivo estaba cumplido!

Para finalizar, preparamos un informe con lo que se había trabajado. El director quedó sorprendido al comprobar todo lo que su equipo había avanzado en muy poco tiempo.

c) Empresa multinacional autopartista – "Rediseño Organizacional"

1°) Trabajo previo

Todo comenzó cuando la filial de Argentina de esta empresa multinacional de autopartes nos contrató para que ayudáramos en el rediseño del modelo de negocio, con sus propósito, valores, comunicación, objetivos, estrategias, plan, procedimientos y políticas de esa subsidiaria. El proceso fue tan exitoso que su director regional nos pidió que realizáramos el mismo trabajo en la sede de Brasil.

El desafío no era menor, ya que se trataba de rediseñar una empresa en idioma portugués. Como si fuera poco, la empresa tenía sus oficinas corporativas en San Pablo, mientras que la planta estaba en Curitiba. Esto traía problemas de comunicación y alineación.

El apoyo incondicional que recibimos de su CEO y de la gerente de RRHH desde un principio fue determinante para el éxito de este ambicioso programa.

2°) Diagnóstico

Al comienzo realizamos entrevistas individuales con los gerentes, *focus group* con los empleados y encuestas de clima anónimas con todo el personal de Brasil.

Las conclusiones fueron muy interesantes. Resultó que estaban muy distanciados entre la oficina y la planta. También se sentían lejos de su casa matriz. Todos coincidían en que querían mejorar esa situación. Varios creían que eso no sería posible, ya que hacía muchos años que se quejaban de este problema y nunca se habían realizado cambios.

Llevamos adelante las encuestas de equipo para ver cómo era su nivel de eficiencia y productividad. Ellas revelaron que estaban poco organizados, el nivel de planificación era casi nulo y no existían controles periódicos. Por ejemplo, en el área comercial no contaban con una segmentación ni con un plan comercial, ni siquiera con informes de entrevistas. En general, faltaban herramientas de todo tipo.

Por otro lado, se notaba que el director general de Brasil no estaba posicionado como líder de la empresa. Se trataba de un gran vendedor, muy conocedor del mercado, con muy buena calidad humana, pero no le interesaba liderar. No tenía clara su función, ni sentía que el director regional lo había puesto allí para esa función. Por todo eso, el personal no lo veía como un líder.

La comunicación con Argentina tampoco era buena ni frecuente, a pesar de que varios directores residían allí y muchas de las ventas se realizaban desde ese país.

En conclusión, se trataba mayormente de un problema de organización y comunicación.

3°) Plan de mejora

Presentamos al director regional, encargado de las sedes de Argentina y Brasil, un plan de reconversión de la empresa para ser llevado a cabo en un año. Lo más difícil era alinear la sede de Brasil con todo lo ya trabajado en Argentina. Era importante que los empleados de Brasil no sintieran que se les "mandaban" las tareas hechas. Eso no los haría sentirse protagonistas del cambio y sería muy difícil que se alinearan convenientemente.

Entonces, le pedimos al director el compromiso de que si en Brasil llegábamos a un módulo del modelo de negocio en algún aspecto mejor del creado para Argentina evaluaría su cambio en ese país. Él aceptó la propuesta.

El objetivo final era rediseñar la filial de Brasil basándonos en el modelo de negocio ya implementado en Argentina.

4°) Sesiones de entrenamiento

En primer lugar, realizamos una actividad *outdoor* de dos días con todo el personal en una hermosa estancia de Curitiba. Por medio de diferentes dinámicas de equipo, los empleados de ambas localidades, junto a algunos directivos de Argentina, se fueron paulatinamente integrando.

Uno de los ejercicios que más ayudó para la integración fue: "Un día en la cocina". Para esta dinámica tenían que separarse en tres grupos: uno debía cocinar un menú muy completo con los elementos que les entregamos; otro debía preparar varios *shows* para entretener a los comensales, y otro debía decorar el salón (temático) y servir las mesas. Contaban con dos horas para realizar la actividad. Además, no recibirían ayuda de nuestra parte.

En este ejercicio, que resultó dinámico y divertido, pudimos juntos realizar un diagnóstico sobre cómo se trabajaba en la empresa, comparando el FODA que ellos mismos habían realizado de la actividad con la realidad que vivían en el día a día en la oficina. Esto resultó sumamente revelador e importante para comenzar el programa.

A continuación, les mostramos todo lo que se había desarrollado en Argentina, la importancia de su alineamiento y nuestro rol como guías en todo el proceso. Quedó claro desde el inicio que, en nuestra metodología de trabajo, los protagonistas eran ellos. Nosotros solamente íbamos a explicar cómo rediseñar cada una de las partes de su empresa y los acompañaríamos en ese proceso. Eran ellos quienes deberían llevarlo a cabo, no nosotros. Les hicimos ver la oportunidad enorme que se les presentaba de reconstruir su propia empresa; lo comprendieron y valoraron desde el comienzo.

Luego invitamos a todos a cerrar la jornada diseñando el propósito de la empresa, metodología más moderna que los antiguos conceptos de misión y visión. Con este recurso se delinea hacia dónde va la empresa.

Lo primero que hicimos fue una visualización donde los participantes imaginaban la empresa de sus sueños. Luego escribieron lo visualizado.

Los reunimos en tres grupos y entre todos construyeron un barco de alambre, cuya vela era el propósito de la empresa, consensuado por todos. Del casco colgaban cada uno de los barquitos que habían hecho en cartulina de color con su propio propósito. En síntesis, habían creado el futuro de su organización, partiendo de lo que cada uno quería para ella. Hubo emoción, lágrimas y muchísimo agradecimiento. La primera etapa estaba cumplida.

A partir de allí, comenzamos a tener reuniones mensuales de trabajo con los gerentes y con algunos referentes de área, en las que de una manera lúdica construimos:

- El Propósito de la filial de Brasil: que escribieron y luego modelizaron en un enorme barco de alambre y cartulina.
- Los valores: primero escribiéndolos en papel y luego esculpiéndolos en arcilla.
- Las herramientas y metodologías de comunicación: haciendo hermosas carteleras con la técnica de collage y diseñando un plan de comunicación interna.
- Las estrategias: primero verbalmente y luego dibujando imágenes en colores.
- Un proceso importante para cada área: aprendieron a armar sus propios manuales de procedimientos.
- Las políticas corporativas y las de cada área de la empresa.
- Un plan anual de acción general y también por área.
- Los objetivos para los próximos cinco años.

Después de trabajar con este grupo gerencial en cada uno de los módulos, hicimos coachings grupales con el personal aplicando la misma metodología.

Luego volvimos al grupo gerencial con todo lo surgido en las bases para definir cada uno de los módulos. Solo al final fue comunicada cada conclusión.

A los pocos meses, las oficinas y la planta industrial tenían esculturas y pinturas por todas partes como recordatorio de lo que ellos mismos habían creado.

Si bien el estilo de liderazgo de su director no cambió mucho, el solo hecho de compartir con el personal todos esos trabajos hizo que comprendiera más claramente su rol dentro de la empresa. El fortalecimiento de los equipos, a través de las herramientas de gestión que les brindamos, contribuyó a que necesitaran menos al líder y a que los gerentes tuvieran mayor autonomía.

5°) Cierre del proceso de entrenamiento

Terminamos nuestra labor entregándole al director el nuevo modelo de negocio: propósito, valores, *drivers*, procesos, políticas, objetivos y plan para los próximos cinco años. Fue construido por todos y alineado con lo ya realizado en Argentina.

Si bien el proyecto fue realmente exitoso y se cumplieron todos los objetivos planteados, recomendamos al director regional realizar un segundo año de proyecto. Durante ese período, fijaríamos todo lo construido por medio de un programa de reconocimiento. En esa oportunidad se trabajaría uno de los módulos por mes, premiando a los que llevaran a cabo acciones orientadas a cumplir con los objetivos de ese módulo. Por ejemplo, se premiaría en el mes de valores al que actuara con honestidad, servicio, justicia. Esta propuesta ayudaría a afianzar los conceptos ya trabajados.

TIPS PARA UN LÍDER EN ENTRENAMIENTO

A continuación proporcionamos a los entrenadores ciertos *tips* que pueden transmitir a los líderes en los entrenamientos.

- Sepa que casi todas las dificultades que se le presentan son **problemas de aprendizaje**, hasta el propio sufrimiento que suele traer el ejercicio del rol. Acéptelo y entonces, lo antes posible, amplíe su información y su visión.
- Cuando se sienta desbordado por la angustia que pueden ocasionarle los hechos difíciles, es bueno **tomar distancia**. ¡Obsérvese! Sea su propio observador; mire como desde una "ventana" lo que está sucediendo.
- Aprenda a **valorar sus fortalezas**, son su capital más activo, tanto para los éxitos como para los fracasos. Si lo eligieron como líder es porque tiene muchas condiciones. Reconózcalas y muéstrelas cuantas veces pueda.
- Durante cada día tenga previsto **alejarse en algún momento del ambiente laboral**. Busque sabiduría en otros ámbitos: naturaleza, familia, deportes, artes, amigos…
- Esté dispuesto a ofrecer un servicio de amor concreto hacia los demás. **Aprenda a dar y recibir**. Esta actitud es la única que lo elevará por encima de las presiones del sistema.
- Tenga en cuenta que **su sentido del humor lo hará sobrevivir** en escenarios difíciles. Trate de entrenarse en esta habilidad todos los días. Es buen remedio contra la envidia y la queja improductiva.

Alíese con sus seguidores más comprometidos. Esta alianza generará sinergia positiva en forma inmediata y lo llevará más rápido hacia las metas deseadas.

- Póngase **metas realizables**. Contemple el futuro partiendo de la situación presente. Concéntrese en lo que pueda hacer, y hágalo.
- Sea **agradecido**. No se olvide que su entorno está interconectado. Sus éxitos son compartidos con su equipo, reconózcalo.
- Sea **coherente** con sus principios éticos. En un mundo de cambios vertiginosos, su integridad le va a indicar un recorrido saludable y certero. También colaborará para que genere vínculos de confianza y respeto por su autoridad.
- Esté **abierto** para percibir dificultades, mejoras o ideas nuevas. Escuche atentamente disconformidades. Entonces, cuando necesite hacer un cambio solo tiene que informarse, diagnosticar, hacer un plan, ejecutar y evaluar.
- **Planifique** la tarea. Un buen plan asegura un recorrido exitoso, anticipa riesgos y permite aprovechar las oportunidades. También hace que las transformaciones sean más fáciles y productivas.

MENSAJE FINAL

Entrenar líderes es hoy una necesidad imperiosa para las organizaciones que quieran sobrevivir saludablemente en el tiempo. Se ha convertido en la esperanza más genuina para aprovechar y organizar el escenario crítico que hoy atravesamos.

Entrenar líderes es casi un arte. Se trata de guiar y acompañar a los que conducen a "modelar" su estilo de servicio.

Los líderes deben aspirar a trascender por su amor a los demás, sus ideas y el coraje de producir acciones innovadoras. Los entrenadores apoyarán esa gratificante aventura.

El programa de entrenamiento que proponemos ha sido probado y mejorado de una manera profesional y responsable durante muchos años. Sus resultados han sido excelentes en cuanto a clima laboral, productividad, rentabilidad y entusiasmo.

Lo ideal sería que los entrenadores, después de leer la obra, la usaran como bitácora en sucesivos entrenamientos. También que lo aprendido lo transfieran rápidamente a todos los ámbitos que frecuenten. Sin duda, gestarán el nacimiento de un mundo más humanizado, creativo y justo.

Con nuestra mejor esperanza.

Hilda y Martín Cañeque

BIBLIOGRAFÍA

Abreu Gómez, E.: *Canek. Colección de leyendas indígenas guatemaltecas*, Oasis, México, 1982.

Arrien, Á.: *Las cuatro sendas del chamán*, Gaia, Madrid, 1999.

——: *Living in Gratitude: A Journey that Will Change Your Life*, Sounds True, Boulder, California, EE.UU., 2011.

Auster, P.: *La trilogía de Nueva York*, Anagrama, Barcelona, 1996.

Barron, F.: "An Eye More Fantastical". Monografía n° 3. National Art Education Association, Washington, D.C., Res-Mono-3 67.

Boff, L: *El águila y la gallina*, Bonum, Buenos Aires, 2006.

Bohm, D.: *Sobre el diálogo*, Kairós, Barcelona, 2011.

Brech, B.: *La excepción y la regla*, Nueva Visión, Buenos Aires, 1986.

Campbell, J.: *Reflexiones sobre la vida*, Emecé, Buenos Aires, 1995.

Cañeque, H.: *8 claves para el cambio creativo*, Ediciones Granica, Buenos Aires, 2014.

——: *Alta creatividad*, Pearson. Buenos Aires, 2008.

Cañeque, M.: *Aprender a liderar*, Temas, Buenos Aires, 2012.

——: *Aprender a construir equipos*, Temas, Buenos Aires, 2013

——: *El nuevo liderazgo*, Ediciones Granica, Buenos Aires, 2017.

De Mello, A.: *Un minuto para el absurdo*, Sal Terrae, Santander, 2006.

Echeverría, R.: *La empresa emergente*, Ediciones Granica, Buenos Aires, 2011.

Drucker, P.: *Los desafíos de la administración en el siglo XXI*, Sudamericana, Buenos Aires, 1999.

Fadiman, J.: *Cómo suprimir las limitaciones ¡y disfrutar de tu vida!* Ediciones Obelisco, Barcelona, 1996.

Grün, A.: *Dirigir con valores*, Sal Terrae, Pontevedra, España, 2005.

Kubbler-Ros, E. y Kessler, D.: *Lecciones de vida*, Vergara, Barcelona, 2000.

Maslow, A.: *La personalidad creadora*, Kairós, Barcelona, 1994.

Rosemberg, M. B.: *Comunicación no violenta*, Gran Aldea Editores, Buenos Aires, 2006.

Schlemenson, A.: *Remontar las crisis*, Ediciones Granica, Buenos Aires, 2007.

Schopenhauer, A.: *Los dos problemas fundamentales de la ética*, Siglo XXI, España, 2010.

Senge, P. M.: *La quinta disciplina*, Ediciones Granica, Buenos Aires, 1992.

Yalom, I.: *El día que Nietzsche lloró*, Emecé, Buenos Aires, 2017.

ACERCA DE LOS AUTORES

HILDA CAÑEQUE

➤ Lic. en Ciencias de la Educación UBA. - Lic. en Psicología UBA.
➤ Autora de siete libros de su especialidad: Edit. Kapelusz, Edit. Paidós, El Ateneo, Pearson Education, Ediciones Granica.
➤ Profesora Titular UNS.
➤ Profesor asociado USAL, Facultad de Psicopedagogía.
➤ Jefa de Trabajos Prácticos en la UBA.
➤ Entrenadora de la Universidad UCEMA.
➤ Profesora en la Universidad Empresarial Siglo XXI, Córdoba, Argentina.
➤ Profesora en la Maestría en Gestión Turística de la Facultad de Ciencias Económicas de la UNLP.
➤ Seminarista sobre los temas de la Creatividad y la Consultoría Empresarial en los siguientes países: Brasil, Colombia, Bolivia, Cuba, Ecuador, Uruguay, España, México, Paraguay y Chile.
➤ Miembro Consultor de UNESCO, UNICEF Y OMEP, en los temas de la Creatividad y el Juego.
➤ Psicopedagoga en los Servicios de Psicopatología del "Hospital Nacional de Clínicas" de Buenos Aires, del "Hospital A. Alfaro" de Lanús y del "Hospital Nacional Santa Teresita" de Rawson, Chubut.
➤ Fundadora de "Hilda Cañeque Consultora de Creatividad", única institución en la Argentina que desde 1975 se dedica a docencia, investigación y práctica de la Creatividad, el Juego y el Liderazgo Gerencial.
➤ Jurado en Universidades de Tandil, La Plata, del Sur, Patagonia y Mar del Plata.
➤ Panelista en la Feria Internacional del Libro de Buenos Aires, en los años '91, '94, '98 y '99.

➢ Premio a la Trayectoria Profesional, otorgado por el Consejo Profesional de Ciencias Económicas de la Ciudad Autónoma de Buenos Aires y la Secretaría de la Mujer AEDGI, año 2001.

➢ Participante en más de 40 Jornadas y Congresos sobre Creatividad, patrocinados por instituciones provenientes de la Psicología, la Educación, el Deporte y la Empresa, realizados en diferentes ciudades de la Argentina y el exterior.

Algunas de la organizaciones para las que ha trabajado o trabaja

- Fundación Kellogs Argentina
- T y C Sports
- ABB Medidores
- Esso Exxon
- CEADEL Capacitación para el Liderazgo
- Grupo BRABO
- ID Consultores
- Probelt S.A
- Asterisco S.A
- Instituto Educativo "Aletehia"
- AFIP Capital Federal
- Obra Social Luis Pasteur
- OSDE
- Manuchar Argentina
- Daniel Helados
- Cargill S.A.C.I.
- Acerbrag S.A.
- Piero S.A.I.C.
- Blaisten S.A.
- "Pharus" Consultora Gerencial
- Brinks Argentina
- Clínicas Fitz Roy
- Laboratorios Sandoz

Capacitación en otros países

- PH. Angeles Arrien: "Creatividad, Tiempo y Espacio" Phoenix, Arizona, USA, 1990 – 1992
- Dr. James Fadiman: "Hacia un Encuadre Antropológico de la Creatividad" Berkeley, California, USA, 1993 – 1994
- PH. Angeles Arrien: "Los Cuatro Caminos del Liderazgo: El Guerrero, El Curador, El Maestro y El Visionario" San Francisco, USA, 2012
- Ph.D. Angeles Arrien: Entrenamiento en "Creatividad Aplicada" sobre el tema: "Comunicación y Resolución de Conflictos", Instituto Stillheart, Woodside, CA, USA, 2013

MARTÍN CAÑEQUE

Fundador y director de PHARUS Consultora Gerencial, dedicada a la gestión de importantes cambios organizacionales por medio del entrenamiento de sus líderes, a través de sus unidades de Consultoría de Negocio, Entrenamiento Gerencial, Capacitación y Selección, con presencia en Buenos Aires, Bogotá, San Pablo, Santo Domingo y Miami.

Estudios

- Abogado Facultad de Derecho de la UBA.
- Mediador UBA.
- Master en Administración de Empresas de la UCA.
- Diplomado Internacional de Coaching del IEL.
- Diplomado de Piscología Sistémica de la ESA (en curso).
- Ha realizado Posgrados de Negociación, Resolución de Problemas, Planificación y Creatividad.
- Doctorando de Administración de Empresas de la UCA.

Experiencia

- Ha sido consultor e instructor para consultoras como Esama, Ordoñez Bianco, Chaxxel Recursos Humanos, Estudio Nora Pal y Daniel Martínez & Asociados.
- Trabajó para empresas como Ford, Medifé, Tigre, Hyatt, Urbánica Hoteles, Blaisten, BRINKS, OSDE, Sodimac, EASY, BAGÓ, OMINT, Telefónica de Argentina, Grupo Saint Gobain, Falabella, Johnson Matthey, Metlife, Crowe Horwath, Claro, Nutricia-Bagó, Supermercados DIA, Grupo ASSA, 3M, Maersk Sealand, Previsol, Berkley, Henkel, Musimundo,

Movicom, Latin Panel, Ortopedia Alamena, Marval O'Farrel, Correo Argentino, Bridgestone-Firestone, Nidera SA, Dufour, ESSO, ABB, Gambro Healthcare, Carat, CDA Sistemas, Perfugroup, Oracle, Kidde Argentina, Grupo Brabo, Kallpa Tour Operator y Abelson, Fontenla, entre otras.

- Tuvo intervenciones como coach en los Partidos "Foro Republicano" y "Recrear".
- Ha viajado por toda Latinoamérica, trabajando para empresas como Johnson Matthey (Brasil), Lloyd's Bank (Paraguay), Grupo Corona y Banamex (México), RUCEIN (Cuba y Rep. Dominicana), TOYOACE (Venezuela), Pepsi (Guatemala), etc. Vivió en México y Venezuela, dirigiendo proyectos de gran envergadura.
- Entre sus logros se encuentra el Cambio Cultural de 7.500 vendedores de Corona, la transformación de EASY Colombia (1.700 personas), Blaisten Argentina, Grupo Alemana, Jonhson Matthey Brasil y más de 300 empresas de Latinoamérica.
- Se ha desempeñado como mediador en el Centro de Formación Profesional de la Facultad de Derecho de la UBA y en el Centro de Resolución de Conflictos Ntra. Sra. de la Guardia.

Docencia

Durante casi 20 años ha sido profesor de las materias de Dirección General y Administración General de la Carrera de Administración de Empresas de la UCA, profesor de Liderazgo y Negociación de la UADE y Negociación en el MBA de la UADE Business School y docente In Company de UADE.

Publicaciones

Es autor de los libros *Aprender a liderar: Manual de entrenamiento gerencial* (2012), *Aprender a construir equipos* (2013), *Aprender a entrenar a los demás* (2017) de la Editorial Temas, *El nuevo liderazgo* (2017) de Ediciones Granica y de la novela *Doble vida* (2014). Ha escrito innumerable cantidad de artículos sobre su especialidad para distintos medios.

Producciones

Escribió y produjo la exitosa obra de teatro *Ataque de pánico* en el Teatro La Verbena.

Produce y dirige los programas de radio "El nuevo Liderazgo", "Emprendedores" y "Mundo Hotel", auspiciados por empresas de primer nivel, para Radio Led de Argentina y NMMiami de USA.